Liebe Leserinnen, liebe Leser,

schlägt Ihr Herz auch für Garten und Natur, für gesundes leckeres Essen und für selbstgemachte Dinge, die den Alltag noch ein wenig verschönern? Dann halten Sie mit diesem Kalender den idealen Begleiter für das Jahr 2016 in Händen!

Passend zu jeder Jahreszeit haben wir für Sie eine bunte Mischung aus Koch- und Backrezepten zusammengestellt. Traditionelle Gerichte wie Allgäuer Käsespätzle finden Sie ebenso wie eine ungewöhnliche Brennnessel-Frittata oder süße Erdbeertartelettes. Ideen für Geschenke aus der Küche runden das Ganze ab. Apropos Geschenke: Mit unseren Bastelanleitungen für drinnen und draußen können Sie sich selbst oder anderen eine Freude machen!

Für alle Gartenliebhaber haben wir praktische Tipps zusammengetragen, außerdem stellen wie Ihnen Gemüse und Kräuter vor. Besonders angetan waren wir auch von traditionellem Gärtnerwissen sowie Tieren und Nutzpflanzen aus alter Zeit, deren Geschichte wir erzählen. Lernen Sie auch Heilwirkungen von Pflanzen kennen und wie Sie Ihre Gesundheit durch die passenden Kräuter unterstützen können. Und wer sich beim Gärtnern nach dem Mond richten will, findet im Kalendarium die entsprechenden Symbole fürs richtige Timing.

Viel Freude beim Gärtnern, Kochen, Backen oder Basteln und ein gesundes erfülltes Jahr wünscht Ihnen

Ihre Redaktion

D1694616

Inhalt

36

45

114

166

Mystischer Mond

Der Mond hat die Menschen schon immer in seinen Bann gezogen. Bei allen Kulturen hielt man ihn für den Sitz der Götter, mancherorts wurde er selbst als Gott oder Göttin angebetet. Diana heißt die römische Mondgöttin, ihr griechisches Gegenstück Artemis. In der germanischen Mythologie ist der Mondgott ein Mann: Mani ist der Bruder der Sonnengöttin Sol. Viele Rituale und Bräuche waren und sind mit dem Mondkalender verbunden. Da die christlichen Missionare sie nicht unterdrücken konnten, übernahm man einige von ihnen, meistens allerdings um einen Tag versetzt: Heiligabend ist beispielsweise aus dem heidnischen Julfest hervorgegangen. Ist Ihnen eigentlich bewusst, wie viele unserer Feiertage sich nach dem Mond orientieren? Ostern wird traditionell immer an dem Sonntag gefeiert, der auf den ersten Vollmond im Frühling folgt. Und diese Reihe ließe sich endlos fortsetzen.

Auf Gesundheit und Wachstum soll der Mond Auswirkungen haben, daran glauben viele Menschen, die mit der Natur zu tun haben wie Bauern und Gärtner. Die Mystikerin Hildegard von Bingen schrieb dem Mond positive wie negative Kräfte zu, viele Biogärtner nach dem Demeter-Verband richten sich bei den Aussaattagen nach dem Saatkalender von Maria Thun.

Wissenschaftlich bewiesen ist bis jetzt allerdings nur der Einfluss, den unser nächster Erdtrabant auf die Meere hat: Er ist Urheber von Ebbe und Flut. Stark fällt der Gezeitenunterschied – eine Springtide – bei Vollmond oder Neumond aus, wenn Sonne, Mond und Erde in einer Geraden zueinander stehen. Weit schwächer sind Ebbe und Flut, wenn der Mond in einem rechten Winkel zur Achse Sonne-Erde steht. Wenn schon so große Wassermassen vom Mond beeinflusst werden, warum nicht auch die Pflanzensäfte?

Der Mondkalender

Unsere Ahnen sahen in den Phasen des Mondes den ewigen Kreislauf der Natur, der sich in ihnen widerspiegelt:
▶ Die Geburt versinnbildlicht die schmale, zunehmende Mondsichel, die Erde soll in dieser Aufstiegsphase ausatmen. Als Folge strömt der Pflanzensaft dem Mond entgegen.
▶ Der zunehmende Mond bis zum Vollmond symbolisiert die Wachstumsphase.
▶ Die abnehmende Mondsichel steht für Dahinwelken und Sterben. In dieser Einatemphase der Erde ziehen sich die Pflanzensäfte zurück.
▶ Die drei Nächte des Neumonds stehen stellvertretend für den Tod selbst.

Ausgehend von diesen Grundüberlegungen wurden Tipps für die Gartenarbeit abgeleitet.
▶ Rasenschnitt sollte an Vollmond oder sieben Tage später vorgenommen werden. Das Gras wird in der Folgezeit langsamer wachsen. Wer das Graswachstum anregen möchte, holt dagegen besser an Neumond oder sieben Tage danach Rasenmäher oder Sense hervor.
▶ Schnittarbeiten: Nutzen Sie die Zeit um Neumond, schlecht ist der Vollmond, da dann die Vegetation besonders kraftvoll wächst und die Schnittwunden nur schlecht heilen.
▶ Obstbäume veredeln: Die Chancen für ein erfolgreiches Anwachsen sind in den Tagen vor Vollmond besonders gut.
▶ Säen von oberirdischen Pflanzen: Neumond und zunehmender Mond sind der ideale Zeitpunkt für diese Aussaaten.
▶ Säen von unterirdischen Pflanzen: Kartoffeln, Radieschen und Co. kultiviert man am besten bei abnehmendem Mond.
▶ Kräuterernte: Der Wirkstoffgehalt der Pflanzen ist an Vollmond besonders hoch.
▶ Wurzelfrüchte ernten: Die Energie im Fruchtkörper ist bei abnehmendem Mond besonders hoch und somit dann der beste Zeitpunkt.
▶ Dünger- und Kompostgaben: Sie werden bei Vollmond am besten aufgenommen.
▶ Unkrautjäten: Der Erfolg ist bei abnehmendem Mond am größten. Die Chance, dass nichts mehr von den lästigen Pflanzen nachwächst, ist dann am besten.
▶ Schädlinge und Pilzkrankheiten: Um sie zu bekämpfen, ist an Neumond der richtige Zeitpunkt. Alle Pflanzen befinden sich jetzt in einer Ruhephase, schöpfen Kraft für neues Wachstum.

Die Tierkreiszeichen

Während der Mond die Erde umrundet, nähert er sich auch den zwölf Tierkreiszeichen. Jeweils zwei bis drei Tage bleibt der Mond in einem Tierkreiszeichen – anders als die Sonne, die jeweils einen Monat lang im Stier, Wassermann usw. steht. Immer drei dieser Zeichen werden mit den Urelementen in Beziehung gesetzt.

▶ ♓ Fisch, ♋ Krebs und ♏ Skorpion sind Wasserzeichen. Sie gehören zum Blatt-Trigon, zu dem man Kräuter und Kohl, aber auch Salate und Blattschmuckstauden rechnet.

▶ ♍ Jungfrau, ♉ Stier und ♑ Steinbock gehören zum Element Erde. Diesem Zeichen werden Wurzelpflanzen wie Kartoffeln oder Radieschen zugeordnet.

▶ Luftzeichen sind ♊ Zwillinge, ♎ Waage und ♒ Wassermann. Diesem Blüten-Trigon sind alle Blütenpflanzen zugerechnet.

▶ Das Fruchttrigon, dessen Element das Feuer ist, umfasst ♌ Löwe, ♈ Widder und ♐ Schütze. Obstbäume, Beerensträucher und Fruchtgemüse fallen darunter.

Als Faustregel können Sie sich merken: Wandert der Mond gerade durch eines der zwölf Tierkreiszeichen, so ist der optimale Zeitpunkt, um die dort zugeordneten Pflanzen zu säen oder zu pflanzen, zu pflegen oder zu ernten.

Jahresübersicht 2016

JANUAR 2016	FEBRUAR 2016	MÄRZ 2016
Fr 1 Neujahr	Mo 1	Di 1
Sa 2	Di 2	Mi 2
So 3	Mi 3	Do 3
Mo 4	Do 4	Fr 4
Di 5	Fr 5	Sa 5
Mi 6 Hl. Drei Könige	Sa 6	**So 6**
Do 7	**So 7**	Mo 7
Fr 8	Mo 8	Di 8
Sa 9	Di 9 Fastnacht	Mi 9
So 10	Mi 10	Do 10
Mo 11	Do 11	Fr 11
Di 12	Fr 12	Sa 12
Mi 13	Sa 13	**So 13**
Do 14	**So 14** Valentinstag	Mo 14
Fr 15	Mo 15	Di 15
Sa 16	Di 16	Mi 16
So 17	Mi 17	Do 17
Mo 18	Do 18	Fr 18
Di 19	Fr 19	Sa 19
Mi 20	Sa 20	**So 20**
Do 21	**So 21**	Mo 21
Fr 22	Mo 22	Di 22
Sa 23	Di 23	Mi 23
So 24	Mi 24	Do 24
Mo 25	Do 25	Fr 25 Karfreitag
Di 26	Fr 26	Sa 26
Mi 27	Sa 27	**So 27** Ostersonntag
Do 28	**So 28**	Mo 28 Ostermontag
Fr 29	Mo 29	Di 29
Sa 30		Mi 30
So 31		Do 31

APRIL 2016

Fr	1	
Sa	2	
So	**3**	
Mo	4	
Di	5	
Mi	6	
Do	7	
Fr	8	
Sa	9	
So	**10**	
Mo	11	
Di	12	
Mi	13	
Do	14	
Fr	15	
Sa	16	
So	**17**	
Mo	18	
Di	19	
Mi	20	
Do	21	
Fr	22	
Sa	23	
So	**24**	
Mo	25	
Di	26	
Mi	27	
Do	28	
Fr	29	
Sa	30	

MAI 2016

So	**1**	Tag der Arbeit
Mo	2	
Di	3	
Mi	4	
Do	5	Christi Himmelfahrt
Fr	6	
Sa	7	
So	**8**	
Mo	9	
Di	10	
Mi	11	
Do	12	
Fr	13	
Sa	14	
So	**15**	Pfingstsonntag
Mo	16	Pfingstmontag
Di	17	
Mi	18	
Do	19	
Fr	20	
Sa	21	
So	**22**	
Mo	23	
Di	24	
Mi	25	
Do	26	Fronleichnam
Fr	27	
Sa	28	
So	**29**	
Mo	30	
Di	31	

JUNI 2016

Mi	1	
Do	2	
Fr	3	
Sa	4	
So	**5**	
Mo	6	
Di	7	
Mi	8	
Do	9	
Fr	10	
Sa	11	
So	**12**	
Mo	13	
Di	14	
Mi	15	
Do	16	
Fr	17	
Sa	18	
So	**19**	
Mo	20	
Di	21	
Mi	22	
Do	23	
Fr	24	
Sa	25	
So	**26**	
Mo	27	
Di	28	
Mi	29	
Do	30	

Jahresübersicht 2016

JULI 2016	AUGUST 2016	SEPTEMBER 2016
Fr 1	Mo 1	Do 1
Sa 2	Di 2	Fr 2
So 3	Mi 3	Sa 3
Mo 4	Do 4	**So 4**
Di 5	Fr 5	Mo 5
Mi 6	Sa 6	Di 6
Do 7	**So 7**	Mi 7
Fr 8	Mo 8	Do 8
Sa 9	Di 9	Fr 9
So 10	Mi 10	Sa 10
Mo 11	Do 11	**So 11**
Di 12	Fr 12	Mo 12
Mi 13	Sa 13	Di 13
Do 14	**So 14**	Mi 14
Fr 15	Mo 15 Mariä Himmelfahrt	Do 15
Sa 16	Di 16	Fr 16
So 17	Mi 17	Sa 17
Mo 18	Do 18	**So 18**
Di 19	Fr 19	Mo 19
Mi 20	Sa 20	Di 20
Do 21	**So 21**	Mi 21
Fr 22	Mo 22	Do 22
Sa 23	Di 23	Fr 23
So 24	Mi 24	Sa 24
Mo 25	Do 25	**So 25**
Di 26	Fr 26	Mo 26
Mi 27	Sa 27	Di 27
Do 28	**So 28**	Mi 28
Fr 29	Mo 29	Do 29
Sa 30	Di 30	Fr 30
So 31	Mi 31	

OKTOBER 2016	NOVEMBER 2016	DEZEMBER 2016

Sa 1	Di 1 Allerheiligen	Do 1
So 2	Mi 2	Fr 2
Mo 3 Tag der deutschen Einheit	Do 3	Sa 3
Di 4	Fr 4	**So 4**
Mi 5	Sa 5	Mo 5
Do 6	**So 6**	Di 6
Fr 7	Mo 7	Mi 7
Sa 8	Di 8	Do 8
So 9	Mi 9	Fr 9
Mo 10	Do 10	Sa 10
Di 11	Fr 11	**So 11**
Mi 12	Sa 12	Mo 12
Do 13	**So 13**	Di 13
Fr 14	Mo 14	Mi 14
Sa 15	Di 15	Do 15
So 16	Mi 16 Buß- und Bettag	Fr 16
Mo 17	Do 17	Sa 17
Di 18	Fr 18	**So 18**
Mi 19	Sa 19	Mo 19
Do 20	**So 20**	Di 20
Fr 21	Mo 21	Mi 21
Sa 22	Di 22	Do 22
So 23	Mi 23	Fr 23
Mo 24	Do 24	Sa 24 Heiligabend
Di 25	Fr 25	**So 25** 1. Weihnachtstag
Mi 26	Sa 26	Mo 26 2. Weihnachtstag
Do 27	**So 27**	Di 27
Fr 28	Mo 28	Mi 28
Sa 29	Di 29	Do 29
So 30	Mi 30	Fr 30
Mo 31 Reformationstag		Sa 31 Silvester

Termine 2016

Interessante Messen, Feste und Märkte

>> Für Garteninteressierte

15.1. – 24.1.	Internationale Grüne Woche	Berlin
5.2. – 7.2.	Haus Garten Genuss	Essen
24.2. – 1.3.	Garten München	München
25.2. – 28.2.	Haus & Garten	Wien
25.2. – 28.2.	Tuinldee – Gartenmesse Niederlande	NL-'s-Herzogenbosch
4.3. – 6.3.	Oldenburger Gartentage	Oldenburg
16.3. – 20.3.	Giardina - Leben im Garten	CH-Zürich
18.3. – 20.3.	Gartenmesse für blühende Erholungsoasen	Salzburg
31.3. – 3.4.	Garten Outdoor Ambiente	Stuttgart
31.3. – 3.4.	pool + garden	A-Tulln
1.4. – 3.4.	Blühendes Österreich	A-Wels
2.4. – 3.4.	Staudenmarkt	Berlin-Dahlem
22.4. – 9.10.	Landesgartenschau Baden-Württemberg »Der Limes blüht auf«	Öhringen
22.4. – 9.10.	Landesgartenschau Bayern »Musik für die Augen«	Bayreuth
23.4. – 24.4.	Garten & Gaumen	Tübingen
28.4. – 3.10.	Landesgartenschau Schleswig-Holstein »Eins werden mit der Natur«	Eutin
29.4. – 1.5.	Frühlingsfestival	Ippenburg
6.5. – 8.5.	Gartentage	Freising
3.9. – 4.9.	Staudenmarkt	Berlin-Dahlem
9.9. – 11.9.	Herbstfestival	Ippenburg

* Diese Übersicht ist nur eine geringe Auswahl. Weitere Termine finden Sie im Internet, in Zeitungen und Regionalblättern.

Landwirtschaftsausstellung
München 17.–25. September 2016

Bayerisches
Zentral-Landwirtschaftsfest

Im Turnus von vier Jahren findet das Bayerische Zentral-Landwirtschaftsfest (ZLF) statt – dieses Jahr ist es wieder soweit! Direkt neben dem Oktoberfest auf der Theresienwiese München bieten zahlreiche Aussteller auf dem circa 120 000 Quadratmeter großen Ausstellungsgelände interessante Produkte und Informationen. Faszinierende Vorführungen und Schaunummern, verschiedene Wettbewerbe und sehenswerte Sonderschauen machen das ZLF zum lohnenden Ausflug für die ganze Familie.

Termine 2016

Sonstige interessante Messen, Feste und Märkte

2.2.	– 4.2.	Regio Agrar Bayern	Augsburg
9.2.	– 14.2	Jagd & Hund	Dortmund
10.2.	– 13.2.	Weltleitmesse für Bio-Lebensmittel	Nürnberg
12.2.	– 14.2.	Hessische Landwirtschaftsmesse	Alsfeld
13.2.	– 21.2.	Haus Garten Freizeit	Leipzig
24.2.	– 26.2	Regio Agrar Weser-Ems	Oldenburg
25.2.	– 28.2.	Land & Genuss	Frankfurt
4.3.	– 7.3.	AB HOF – Messe für bäuerliche Direktvermarkter	A-Wieselburg
16.3.	– 20.3.	Creativa – LandGarten, Marktplatz für Gartenkultur und ländliche Lebensart	Dortmund
18.3.	– 18.4.	Frühlingsdom	Hamburg
26.3.	– 11.4.	Frühlingsfest	Nürnberg
23.4.	– 15.5.	Frühlingsfest	Stuttgart
5.5.	– 8.5.	BraLa – Brandenburgische Landwirtschafts- ausstellung	Paaren im Glien
12.5.	– 23.5.	Bergkirchweih	Erlangen
3.6.	– 4.6.	Weinfest	Volkach
18.6.	– 26.6.	Kieler Woche	Kiel
8.7.	– 17.7.	Schützenfest	Hannover
15.7.	– 24.7.	Rheinkirmes	Düsseldorf
15.7.	– 24.7.	Wiesenmarkt	Erbach
12.8.	– 22.8	Gäubodenvolksfest mit Ostbayernschau	Straubing
19.8.	– 22.8.	LandTage Nord	Wüsting
26.8.	– 11.9.	Herbstfest	Nürnberg
27.8.	– 5.9.	Backfischfest	Worms
1.9.	– 6.9.	Karpfhamer Fest - Rottalschau	Karpfham
7.9.	– 9.9.	Zwiebelmarkt	Weimar
9.9.	– 13.9.	Wurstmarkt	Bad Dürkheim
17.9.	– 25.9.	Bayerisches Zentral-Landwirtschaftsfest	München
17.9.	– 3.10.	Oktoberfest	München
29.9.	– 7.10.	Landwirtschaftliches Hauptfest Bad.-Württemb.	Stuttgart
14.10.	– 30.10.	Freimarkt	Bremen
15.10.	– 24.10.	Lullusfest	Bad Hersfeld
29.10.	– 1.11.	Brockumer Großmarkt mit Viehmarkt und Landmaschinenschau	Brockum
2.11.	– 6.11.	Allerheiligenkirmes	Soest
15.11.	– 18.11.	EuroTier	Hannover

* Diese Übersicht ist nur eine geringe Auswahl. Weitere Termine finden Sie im Internet, in Zeitungen und Regionalblättern.

In Bayern Daheim und in der Welt zu Hause.

Technik

Unter diesem Motto stehen Ihnen die Mitarbeiter der BayWa in vielen Bereichen das ganze Jahr kompetent zur Seite.

Finden Sie Ihren nächsten Standort unter www.baywa.de/standorte

BayWa AG
Technik

St.-Martin-Straße 76
81541 München

www.baywa.de

Januar

1 fr ☾ ● ♐ Neujahr Maria

2 sa ☾ ● ♎ Makarius, Gregor, Otfried, Dietmar

3 so ☾ ● ♎ Genoveva, Odilo, Irma

4 mo ☾ ● ♏ Angelika, Christiane

5 di ☾ ● ♏ Emilia, Johann Nep.

Symbole: ● Blüte/Luft ● Blatt/Wasser ● Frucht/Feuer ● Wurzel/Erde

WINTER

6 mi ☾ ● 🦂 Heilige Drei Könige   Raimund

7 do ☾ ●   Reinhold, Valentin

8 fr ☾ ●   Severin, Erhard, Gudula, Heiko

9 sa ☾ ●   Adrian, Julian, Alice

10 so ● ●   Paul d. Eins., Leonie

11 mo ☽ ●   Thomas v. C.

12 di ☽ ●   Ernst, Tatjana, Xenia

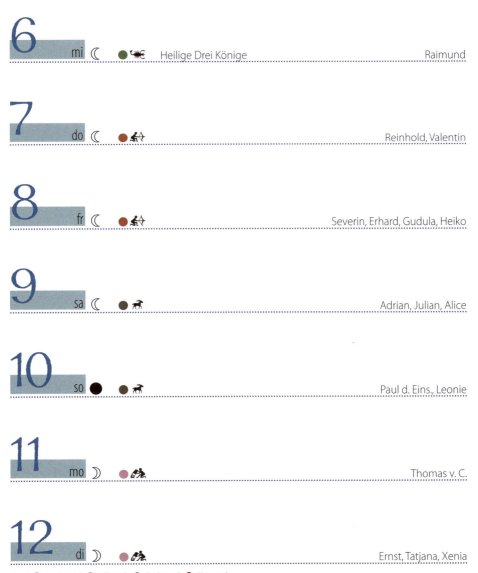

Mond: ☽ zunehmend ○ Vollmond ☾ abnehmend ● Neumond

13 mi ☽ Jutta, Hilmar, Hilarius

14 do ☽ Rainer, Felix, Engelmar

15 fr ☽ Arnold, Romedius, Mauro, Arno

16 sa ☽ Marcel, Tilman, Dietwald, Uli

17 so ☽ Anton Eins., Rosalind

18 mo ☽ Margitta, Ulfried, Uwe

19 di ☽ Mario, Pia, Martha

Symbole: ● Blüte/Luft ● Blatt/Wasser ● Frucht/Feuer ● Wurzel/Erde

WINTER

20 mi ☽ ● 👫   Fabian, Sebastian, Ursula

21 do ☽ ● 👫   Agnes, Meinrad, Ines

22 fr ☽ ● 🦞   Vinzenz, Dietlinde, Jana

23 sa ☽ ● 🦞   Hartmut, Emerentia, Guido

24 so ○ ● 🦁   Franz v. S., Vera, Thurid, Bernd

25 mo ☾ ● 🦁   Pauli Bekehrung., Wolfram

26 di ☾ ● 🦁   Timotheus u. Titus, Paula

Mond: ☽ zunehmend ○ Vollmond ☾ abnehmend ● Neumond

27 mi ☾ ● 🏃

Angela, Alrun, Gerd

28 do ☾ ● 🏃

Manfred, Thomas v. A., Karl, Karolina

29 fr ☾ ● ♎

Gerhard, Gerd, Josef Fr.

30 sa ☾ ● ♎

Martina, Adelgunde

31 so ☾ ● ♎

Johannes B., Marcella, Rudbert

Symbole:　● Blüte/Luft　● Blatt/Wasser　● Frucht/Feuer　● Wurzel/Erde
Mond:　☽ zunehmend　○ Vollmond　☾ abnehmend　● Neumond

Pflanze des Monats

Wenn Väterchen Frost den Garten fest im Griff hat und die Vegetation noch unter dicken Schneeauflagen schlummert, dann ist die große Zeit der Zaubernuss (*Hamamelis*) gekommen. Mit ihren leuchtend gelben Blüten bringt sie Farbe ins Wintergrau. Schneestürme steckt sie ganz einfach weg, indem sie ihre Blütenblätter zusammenrollt. Einen tollen Blickfang bietet die Zaubernuss beispielsweise im Vorgarten, ihr Platzbedarf ist klein, Schnittmaßnahmen sind weitgehend überflüssig. Sie können also lange Freude an dem kleinen Strauch haben!

Kinderleichtes Käsekonfekt

für etwa 200 g (etwa 30 Stück): 100 g zimmerweiche Butter | 100 g Mehl | 50 g Greyerzer Käse, gerieben | 50 g Parmesan, gerieben

>> Tipp
Geschmacklich variieren können Sie mit Rosenpaprika, etwas Kümmel oder Knoblauch. Mit einem Teigrad beschnitten, sehen die Kekse besonders attraktiv aus.

1 Alle Zutaten in einer großen Schüssel verrühren, bis ein (relativ klebriger) Teig entsteht.

2 Den Teig in Küchenfolie wickeln und mindestens 30 Min. durchkühlen.

3 Den Ofen auf 180 °C vorheizen.

4 Den Teig auf eine bemehlte Oberfläche legen, mit Küchenfolie bedecken und dünn ausrollen. Dann mit einem Teigrad in längliche Streifen schneiden.

5 Die Streifen auf Backpapier legen und etwa 10 Min. backen, bis sie Farbe annehmen und fest werden.

Die kraftstrotzenden Ochsengespanne der Murnau-Werdenfelser galten in der zweiten Hälfte des 19. Jahrhunderts als Statussymbol in Bayern. Das Rind zeichnet sich aber nicht nur durch Kraft, sondern auch durch sein hervorragendes Fleisch und seine Milch aus. Ein klassisches »Dreinutzungsrind« eben!

Alte Tierrasse

Murnau-Werdenfelser Rind

Sie zählen zu den ältesten Rinderrassen der Welt und stammen aus Bayern, aus dem malerischen Alpenvorland, dem sie auch ihren Namen verdanken – Murnau Werdenfels. Die Niederungen des Murnauer Moors und die steilen Hänge im Werdenfelser Land haben diese Rinder ebenso geprägt wie das raue Klima und hohe Niederschlagsmengen, die für diese Gegend typisch sind.

Vor rund hundert Jahren war die große Zeit der Murnau-Werdenfelser. Vielerorts im Königreich Bayern grasten damals bis zu 62 000 »Oberländer«, wie das Dreinutzungsrind auch genannt wurde. Hauptverbreitungsgebiet war und ist das Ursprungsland mit den heutigen Landkreisen Garmisch-Partenkirchen und Teilen von Weilheim-Schongau. Die Ochsen der Murnau-Werdenfelser waren beliebt, weil sie ein enormes Kraftpotenzial mit Langlebigkeit und Genügsamkeit verbanden. Die Popularität der Ochsen schwächte allerdings die Entwicklung der Rasse, denn die prächtigsten Stierkälber gingen dadurch der Zucht verloren.

Als Maschinen die mühsame Feldarbeit übernahmen, wurde der Einsatz der Murnau-Wer-

denfelser als Zugtiere überflüssig. Und in der Milchleistung konnten sie trotz einer längeren Lebensleistung den modernen Spitzen-Milchkühen sowieso nie das Wasser reichen. Seit 1976, als es nur noch 350 Murnau-Werdenfelser gab, hält die Landesregierung Bayerns im Gestüt Schwaiganger eine Herde mit etwa 20 Mutterkühen als Genreserve.

Rassen-Renaissance

Gegenwärtig gewinnen die Oberländer aufgrund ihres exzellenten und intensiven Rindfleischgeschmacks, der durch die extensive Haltung auf Weiden und vorwiegende Fütterung mit Heu und Gras verstärkt wird, wieder an Bedeutung. »Das marmorierte Fleisch braucht in Geschmack und Konsistenz keinen Vergleich zu scheuen«, verrät Jürgen Lochbihler, dem es wichtig ist zu wissen, was er auf den Teller bringt. »Ich kenne die Bauern und ihre Tiere«, verdeutlicht der Wirt des Münchner Pschorr am Viktualienmarkt, »und ich sage dem Metzger, was ich haben will. Den Ochsenhals schmoren wir im ganzen Stück, erst dann werden einzelne Scheiben geschnitten. So etwas kann allein wegen der Größe des Bratens eine Hausfrau daheim nicht nachkochen. Und auch für einen Koch wird es schwer, denn der bekommt so einfach gar keinen ganzen Hals. Das Fleisch geht bei der Zerlegung gleich in die Wurst oder ins Gulasch.«

Geschmack geht vor

Argentinisches Rindfleisch gilt den deutschen Verbrauchern heute als das »beste Fleisch der Welt«. Die Rinderherden grasen ganzjährig auf den riesigen Flächen der Pampas, das Fleisch reift beim Transport auf den Schiffen rund vier Wochen nach und eine geschlossene Kette von Steakhäusern sichert den werbewirksamen Auftritt in deutschen Großstädten. Jürgen Lochbihler bietet als einziger Münchner Gastronom Murnau-Werdenfelser Rindfleisch an und plant

dabei langfristig. »Zwischen 32 und 36 Monate wachsen die Tiere, nach dem Schlachten ruht das Fleisch bis zu zehn Tage und reift dann rund fünf Wochen in unseren Kühlräumen nach. Auch wenn diese Reifeprozesse zuungunsten des Gewichts gehen, so gehen sie definitiv zugunsten des Geschmacks.«

Ein Rind besteht, wie übrigens alle anderen Tiere auch, nicht nur aus Filet, Brust und Keule. Erst die Rückbesinnung der Gastronomie auf die Verwertung ganzer Tiere wird daher Nachhaltigkeit im Umgang mit ihnen bewirken. »Und wenn es kein Schulterstück mehr gibt, dann gibt es halt auch mal keinen Sauerbraten«, betont Jürgen Lochbihler. »Die Leute gewöhnen sich daran und finden es eher gut, wenn man ihnen den Grund dafür erklärt.«

Selbst im Winter stehen die Tiere, die heute meist in Mutterkuhherden gehalten werden, unbeschadet draußen im Offenstall.

Klassische Rinderrouladen

4 Rinderrouladen | Salz | schwarzer Pfeffer aus der Mühle | 1 EL mittelscharfer Senf | 4 dünne Scheiben Räucherspeck (Frühstücksspeck) | 1 große Essiggurke | 2 Zwiebeln | 2 EL Pflanzenöl | 100 g Sahne | Holzspießchen zum Feststecken

1 Die Fleischscheiben auf jeder Seite mit Salz und Pfeffer würzen und auf einer Arbeitsfläche ausbreiten. Mit dem Senf bestreichen und mit je einer Scheibe Speck belegen.

2 Die Essiggurke sehr fein würfeln. Die Zwiebeln schälen und fein würfeln. Essiggurkenwürfel und die Hälfte der Zwiebelwürfel auf den Fleischscheiben verteilen und diese aufrollen. Mit Holzspießchen parallel zur Fleischfaser feststecken.

3 Das Pflanzenöl in einem großen Topf erhitzen und die Rinderrouladen darin von allen Seiten scharf anbraten. Die restlichen Zwiebelwürfel dazugeben und kurz mitbraten. Mit 300 ml Wasser aufgießen. Bei aufgesetztem Deckel bei mittlerer Hitze etwa 30 Min. köcheln lassen.

4 Die Rinderrouladen aus dem Topf nehmen und warm halten. Die Schmorflüssigkeit mit einem Stabmixer pürieren und dabei die Sahne einarbeiten.

>> Tipp

Als Beilagen zu den Rouladen sind ein selbst zubereitetes Kartoffelpüree (s. Seite 178) und würziges Blaukraut zu empfehlen.

Schwäbischer Rostbraten

2 große Zwiebeln | 200 ml Pflanzenöl |
750 g Roastbeef oder Lende (am Stück) | Salz |
schwarzer Pfeffer aus der Mühle | 200 g grüne
Bohnen | 20 g Butter | frisches Bohnenkraut
(optional) | 2 EL Mehl

1 Den Backofen auf 220 °C (Umluft 200 °C)
vorheizen und einen Bräter mit 2 EL Pflanzenöl
einfetten. Die Zwiebeln schälen und in dünne
Ringe schneiden. Das Fleisch mit Salz und
Pfeffer würzen, anschließend mit der Silberhaut
nach unten in den Bräter legen. Mit der Hälfte
der Zwiebelringe bedecken. Im vorgeheizten
Backofen etwa 30 Min. braten, bis das Fleisch
sichtlich Farbe angenommen hat. Das Fleisch
ohne Einstechen wenden und etwa 90 Min.
braten.

2 Währenddessen die Bohnen putzen, waschen
und in siedend heißem Salzwasser 2 Min.
blanchieren. Das Bohnenwasser abgießen und
die Butter zu den Bohnen geben. Mit Salz und
Pfeffer würzen und nach Belieben frisch gehack-
tes Bohnenkraut untermischen.

3 Kurz bevor das Fleisch fertig ist, das restliche
Pflanzenöl in einer Pfanne erhitzen. Die Zwiebelringe in Mehl wenden und im heißen Pflanzenöl
knusprig frittieren.

4 Das Fleisch aus dem Bräter nehmen und
kurz abgedeckt ruhen lassen. Den Bratensatz
mit etwas Wasser lösen, aufkochen und mit
dem Stabmixer pürieren. Abschmecken. Den
Rostbraten mit Sauce überziehen und mit den
Zwiebelringen garnieren.

>> Tipp

Klassische Beilage sind Spätzle.
Bei Niedrigtemperatur (100 °C)
circa drei Stunden gegart,
bleibt das Fleisch noch saftiger.

Pastinake

Auf einen Blick
▶ Aussaat III–V / Ernte X–III
▶ Warmer, sonniger Standort
▶ Mittlerer Nährstoffbedarf
▶ Lange Standdauer
▶ Verträgt kühles Klima
▶ Unkompliziert und gesund

Die Pastinake gehört wie die Möhre und die Petersilie in die Familie der Doldenblütler. Sie ist in Europa heimisch und hatte früher eine große Bedeutung für die Ernährung. Die süßlichen aromatischen Wurzeln werden im Herbst und Winter geerntet und kommen aus heimischem Anbau auf den Markt.

Die Pastinake ist vermutlich bereits in der Jungsteinzeit verzehrt und möglicherweise auch angebaut worden. Für die Römerzeit gibt es einige Hinweise auf den Anbau von Pastinaken nördlich der Alpen. Eindeutige Nachweise lassen sich erst seit dem 16. Jahrhundert für den deutschsprachigen Raum finden. In den nachfolgenden zwei Jahrhunderten galt die auch Hammelmöhre genannte Pastinake als wichtiges Grundnahrungsmittel, da sie aufgrund ihres hohen Stärke- und Zuckergehaltes sehr nahrhaft ist und keiner besonderen Lager- oder Konservierungsbedingungen bedarf. Die Verbreitung der Kartoffel hat die Pastinake dann rasch vom Speiseplan der Mitteleuropäer verdrängt. In Deutschland war die Pastinake im 20. Jahrhundert annähernd unbekannt geworden – nur in Ostpreußen und Schlesien gehörte sie noch auf den Speiseplan. In den 1990er-Jahren erfuhr sie durch den ökologischen Landbau eine Renaissance.

Auf Wochenmärkten und in Naturkostläden ist sie mittlerweile oft zu finden. Das Angebot an Saatgut für den Hausgärtner ist immer noch beschränkt, aber immer mehr Anbieter nehmen das historische Wurzelgemüse wieder in ihr Programm auf, sodass die Pastinake in absehbarer Zeit auch wieder in hiesigen Haus- und Kleingärten verbreitet sein wird.

Anbau im Garten

Pastinaken benötigen gut gelockerten Boden. Wenn Sie nicht gerade auf Sandboden gärtnern, empfiehlt sich, das Beet einmal zwei Spaten tief umzugraben. Wurzeln für den Verzehr im Herbst säen Sie im März oder April, für die Überwinterung Anfang Mai. Nach dem Aufgehen vereinzelt man auf einen Abstand von 10 cm. Zwischen den Reihen sollte der Abstand 30–40 cm betragen. Ebenso wie Möhren keimen sie sehr langsam, eine Markiersaat in Form von Radieschen hilft, die Reihen rechtzeitig auszumachen, sodass man bald auch hacken kann.

Pastinaken sind Mittelzehrer und vertragen keine frische organische Düngung. Idealerweise standen im Vorjahr Starkzehrer auf dem Beet und haben genügend Nährstoffe übrig gelassen. Ansonsten sollten Sie bereits zwei Wochen vor der Aussaat mit Kompost oder abgelagertem Mist gedüngt haben.

Es bietet sich an, Pastinaken in Mischkultur mit Zwiebeln oder Schalotten zu ziehen. Diese räumen das Feld, bevor die Pastinaken richtig viel Grün entwickeln. So kann man den Platz optimal nutzen. Die Pflanzen danken es, wenn der Boden regelmäßig gelockert wird.

Ernten und Lagern

Bleiben die Wurzeln im Herbst im Boden, wachsen diese an warmen Tagen weiter. Sie können bei nicht gefrorenem Boden jederzeit ernten. Damit die Wurzeln dabei nicht abbrechen, hebt man sie vorsichtig mit der Grabegabel an und zieht sie dann heraus. Die Wurzeln halten bis ins Frühjahr auf dem Beet, wenn man es bei Kahlfrösten mit Vlies o. Ä. abdeckt. Bei Wühlmäusen im Garten sollten Sie die Wurzeln im Herbst in Sicherheit bringen. Sie können Sie ebenso wie anderes Wurzelgemüse in feuchten Sand einschlagen und im Keller lagern. Eine wühlmaussichere Erdmiete ist auch gut geeignet. Küchenfertig geputzt und zerkleinert, lassen sich die Wurzeln problemlos einfrieren.

Pastinake in der Küche

Die Wurzeln lassen sich wie Möhren verwenden, haben aber einen ausgeprägteren Eigengeschmack. Sie sind lecker als Zutat in einer bunten Gemüsesuppe. Eine sehr wohlschmeckende und wärmende Suppe wird aus Kartoffeln und Pastinaken zu gleichen Teilen hergestellt, es kommt noch etwas Sahne dazu und das Ganze wird püriert. Die fertige Suppe mit frischen Kräutern – falls vorhanden – überstreuen, besonders gut passen Petersilie und Kerbel.

In Scheiben geschnittene Pastinaken können in Pflanzenöl gebraten werden. Kinder mögen meist den süßlichen Geschmack. Einen interessanten Kontrast zu der Süße bilden beigegebene Kapern. Auch Parmesan passt gut. Als Rohkost ist die Pastinake nicht so knackig wie die Möhre, größere Exemplare können wattig sein. Im gegarten Zustand ist davon aber nichts mehr zu schmecken.

Gartentagebuch

Halten Sie die kommenden Gartenerlebnisse doch in einem Tagebuch fest. Darin ist viel Platz für Wetterdaten, Pflanzpläne, gärtnerische Erfolge und Niederlagen. Gummibänder halten den Stift oder dienen als Lesezeichen. Und im Winter schmieden Sie mit Hilfe des Tagebuchs Pläne fürs nächste Jahr.

Das brauchen Sie

Material

- ✗ kräftigen Baumwollstoff, 30 × 150 cm
- ✗ dazu passendes Nähgarn
- ✗ Haken-Klettband, 2 × 2 cm
- ✗ Flausch-Klettband, 2 × 2 cm
- ✗ Gummiband Pyjama-Elastic, 50 × 2 cm
- ✗ Blanko-Buch DIN A5

So schneiden Sie zu

Baumwollstoff
- ✗ Gartentagebuchhülle Rechteck, 50 × 21 cm (1 ×)
- ✗ Verschlussriegel Rechteck, 6 × 4 cm (1 ×)
  Nahtzugabe 1,5 cm

Gummiband
- ✗ Stiftehalter, 4 cm (1 ×)
- ✗ Klemmbänder, 23 cm (2 ×)
  ohne Nahtzugabe

1 Den Verschlussriegel längs rechts auf rechts legen und an der langen Seite und einer kurzen Seite steppen. Die Ecken etwas einkürzen. Verstürzen. Das offene Ende einschlagen und den Verschlussriegel ringsum schmalkantig absteppen. Das Flausch-Klettband an einem Ende ringsum aufsteppen. Das Gummiband für den Stiftehalter zur Hälfte legen und die offenen Enden auf der Innenseite des Verschlussriegels füßchenbreit aufsteppen, dabei liegt die geschlossene Seite der Gummibandschlaufe in der Mitte des Verschlussriegels.

2 Die Nahtzugabe an den kurzen Seiten der Buchhülle nach links einschlagen und füßchenbreit feststeppen. Am geschlossenen Blanko-Buch Maß nehmen und den Umschlag einmal komplett um den Buchdeckel nach innen legen. Bei der Buchrückseite von der äußeren Kante der Buchhülle nochmals 3, 5 cm nach innen versetzt das buchrückseitige Ende des Verschlussriegels mittig auf die Buchhülle aufsteppen. Das Haken-Klettband auf der Buchvorderseite gegengleich zum Flausch-Klettband des Verschlussriegels aufsteppen.

3 Die seitlichen Umschläge der Buchhülle rechts auf rechts legen, die Klemmgummibänder längs mittig dazwischenlegen. Die Umschläge oben und unten feststeppen, dabei die Klemmbänder mitfassen. Die Ecken etwas einkürzen, verstürzen. Die oberen und unteren Nahtzugaben der seitlichen Umschläge nach innen umschlagen und schmalkantig absteppen, dabei nicht die seitlichen Umschläge mitfassen. Das Blanko-Buch in DIN-A5-Format mit der Gartentagebuchhülle beziehen.

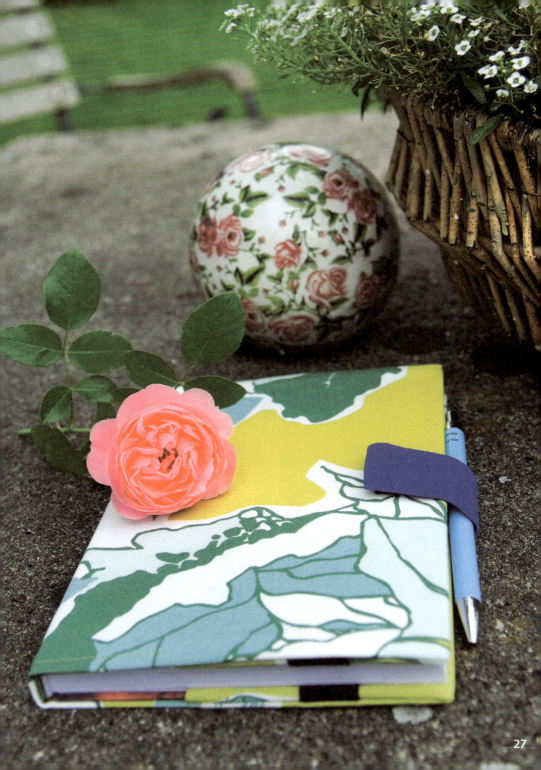

Februar

1 mo ☽ ● 🦂   Brigitta, Brigitte, Reginald, Barbara

2 di ☽ ● 🦂 Mariä Lichtmess   Bodo, Stephan

3 mi ☽ ● 🚴   Blasius, Ansgar, Oskar, Michael

4 do ☽ ● 🚴   Andreas C., Veronika, Jenny

5 fr ☽ ● 🚴   Agatha, Albuin

Symbole: ● Blüte/Luft   ● Blatt/Wasser   ● Frucht/Feuer   ● Wurzel/Erde

WINTER

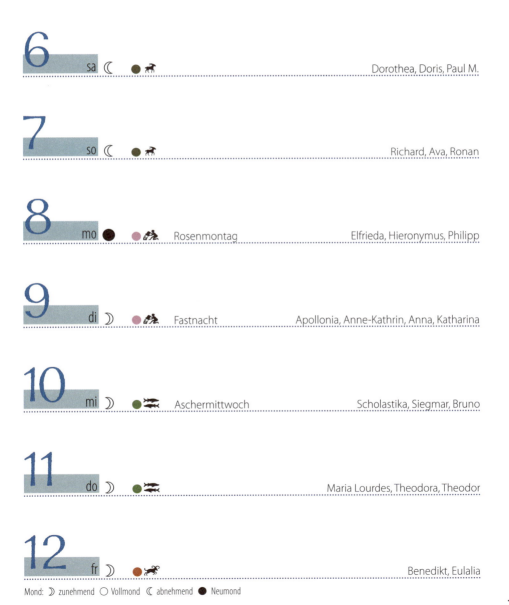

6 sa ☾ ● 🐎   Dorothea, Doris, Paul M.

7 so ☾ ● 🐎   Richard, Ava, Ronan

8 mo ● ● 🏊 Rosenmontag   Elfrieda, Hieronymus, Philipp

9 di ☽ ● 🏊 Fastnacht   Apollonia, Anne-Kathrin, Anna, Katharina

10 mi ☽ ● 🐟 Aschermittwoch   Scholastika, Siegmar, Bruno

11 do ☽ ● 🐟   Maria Lourdes, Theodora, Theodor

12 fr ☽ ● 🦂   Benedikt, Eulalia

Mond: ☽ zunehmend ○ Vollmond ☾ abnehmend ● Neumond

Februar

13 sa ☽ ● 🦂   Christina, Irmhild, Adolf, Gisela

14 so ☽ ● 🦂 Valentinstag   Valentin, Cyrill, Method

15 mo ☽ ● 🦂   Siegfried, Jovita, Georgia

16 di ☽ ● 👥   Juliana, Liane

17 mi ☽ ● 👥   Alexis, Benignus

18 do ☽ ● 🦂   Constanze, Simon, Simone

19 fr ☽ ● 🦂   Irmgard, Irma, Hedwig

Symbole: ● Blüte/Luft ● Blatt/Wasser ● Frucht/Feuer ● Wurzel/Erde

WINTER

20 sa ☽ ● 🦂 ♒   Corona, Falko, Jacinta

21 so ☽ ● 🦁   Petrus D., Gunhild, Enrica, Peter

22 mo ○ ● 🦁   Isabella, Pit

23 di ☾ ● 🏃   Romana, Raffaela, Polyk.

24 mi ☾ ● 🏃   Matthias

25 do ☾ ● ♎   Walburga, Edeltraud

26 fr ☾ ● ♎   Gerlinde, Ottokar, Edigna, Denis, Mechthild

Mond: ☽ zunehmend ○ Vollmond ☾ abnehmend ● Neumond

27
sa ☾ ● ♎

Gabriel, Marko, Baldur

28
so ☾ ● ♏

Roman, Silvana, Oswald, Detlev

29
mo ☾ ● ♏ Schalttag

Oswald

| Symbole: | ● Blüte/Luft | ● Blatt/Wasser | ● Frucht/Feuer | ● Wurzel/Erde |
| Mond: | ☽ zunehmend | ○ Vollmond | ☾ abnehmend | ● Neumond |

Pflanze des Monats

Um Brigitta Schneeglöckchen blühen,
verspätet sich der Auftrieb von Kühen.

(Bauernregel)

Schneeglöckchen

Die nickenden Kelche der Schneeglöckchen gehören mit zu den ersten Blühern im Jahr. Einer kleinen Legende nach soll einst ein Engel auf die Erde fallende Schneeflocken in kleine Blümchen verwandelt haben, um den Menschen Mut zu machen: Das Wiedererwachen der Natur wollte er ihnen auf diese Weise ankündigen. Die kleinen Zwiebelgewächse mögen einen humusreichen, lockeren Boden mit reichlich Feuchtigkeit. Unter solch günstigen Bedingungen breiten sie sich dann innerhalb von wenigen Jahren über große Flächen aus. Nur während ihrer Blütezeit benötigen die Schneeglöckchen einen sonnigen Standort, später im Jahr können sie auch halbschattig bis schattig stehen. Sie eignen sich also hervorragend für Plätze unter Laubgehölzen, die erst später ihre Blätter entfalten!

Lemon Curd

Für etwa 200 ml: 2 Bio-Zitronen | 3 Eigelb (die Eiweiße einfrieren) | 100 g feinster Zucker | 80 g eiskalte Butter

1 Die Schalen der Zitronen abreiben, die Zitronen auspressen. Zusammen mit den Eigelben und dem Zucker in einer Schüssel gut mixen. Dann die Flüssigkeit abseihen, damit der Zitronenabrieb zurückbleibt.

2 Die abgeseihte Flüssigkeit in einem Wasserbad bei mittelhoher Hitze 5–7 Min. mit einem Holzlöffel schlagen, bis sie etwas eindickt.

3 Die Butter in Scheiben schneiden. Die Butterscheiben nacheinander mit einem Schneebesen in die Flüssigkeit schlagen; Profis schlagen dazu eine Acht.

4 Alle Butterstücke einarbeiten. Einige Minuten im Wasserbad abkühlen lassen, dann in ein sterilisiertes Glas abfüllen. Beim Abkühlen dickt die Masse ein wenig ein.

>> Tipp

Lemon Curd unbedingt kühl – sobald geöffnet, im Kühlschrank – aufbewahren und innerhalb einiger Wochen verzehren. Aber so lange hält die Köstlichkeit sowieso nicht, das steht auf jeden Fall fest!

Topfenpalatschinken-Torte

140 g Mehl | 250 ml Milch | Salz | 1 Pck. Vanillezucker | 4 Eier | 2 Eigelb | Butterschmalz | 200 g Erdbeermarmelade | 1 x Mürbeteig (Grundrezept siehe Seite 83) | 40 g Vanillepuddingpulver | 50 g Zucker | 500 g Schmand | 500 g abgetropfter Quark (20–40 % Fett i. Tr.)

1 Für den Pfannkuchenteig Mehl, Milch, 2 Prisen Salz und Vanillezucker mit einem Schneebesen zu einem glatten Teig verrühren. 2 Eier und 2 Eigelb einrühren, den Teig etwa 10 Min. ruhen lassen.

2 Butterschmalz in der Pfanne erhitzen, überschüssiges Fett weggießen. Den Teig dünn einfließen lassen und goldbraun anbacken und wenden. So weiter verfahren, bis der ganze Teig aufgebraucht und zu Pfannkuchen verbacken ist.

2 Pfannkuchen mit der Erdbeermarmelade bestreichen und diese dann übereinanderlegen. In die Springform auf den Mürbeteig legen und noch einmal mit der Marmelade bestreichen.

3 Für die Quarkmasse die beiden restlichen Eier, Vanillepuddingpulver und Zucker mischen. Schmand und Quark unterheben und die Masse auf die gerollten Palatschinken verteilen. Die Topfenpalatschinken-Torte 40 Min. bei 110 °C auf der mittleren Schiene backen.

>> Tipp
Je nach Geschmack können Sie auch eine andere Marmelade (zum Beispiel Marillenmarmelade) oder auch 500 g kurz in einer Pfanne mit 1 EL Butter und 1 EL Zucker angeschwenktes frisches Obst (z.B. Äpfel, Zwetschgen...) verwenden.

Allgäuer Käsespätzle

100 g Mehl | 100 g Wiener Griessler | 2 Eier |
100 ml Milch | Salz | Macis | 70 g Butter |
100 g Allgäuer Bergkäse, gerieben | 50 g All-
gäuer Emmentaler, gerieben | 200 g Zwiebeln |
1 Knoblauchzehe | Pfeffer

1 Beide Mehlsorten mit den Eiern, Milch, Salz
und Macis in einer Rührschüssel mit dem
Handmixer rasch zu einem festen Spätzleteig
verarbeiten.

2 Reichlich Wasser in einem großen Topf zum
Kochen bringen, 2–3 Prisen Salz zugeben. Teig
mit einem Spätzlehobel in das kochende Wasser
hineinschaben, 2–3 Min. bei kleiner Hitze ziehen
lassen (die Spätzle sind fertig, wenn sie an der
Oberfläche schwimmen).

3 Spätzle in ein Sieb abgießen und abtropfen
lassen. 40 g Butter in einer Pfanne erhitzen,
Spätzle zugeben, Käse darüber verteilen, alles
gut vermischen und noch 2–3 Min. bei kleiner
Hitze schmelzen lassen.

4 Die Zwiebeln schälen und in feine Ringe
schneiden. Die restliche Butter in einer Pfanne
schmelzen lassen, die geschälte Knoblauchzehe
dazugeben und die Zwiebeln darin goldbraun
anbraten. Vor dem Servieren den Knoblauch
wieder entfernen.

>> Tipp

Spätzle sind das perfekte
Familienessen. Für eine größere
Gruppe am besten Spätzle,
Zwiebeln und Käse abwechselnd
in eine Auflaufform schichten und
bei 140 °C für 15–20 Minuten im
Ofen schmoren. Dazu eine große
Schüssel Salat servieren.

So gelingt die Aussaat

Altes Gartenwissen

Viele Samen heimischer Gewächse enthalten Stoffe, die das Keimen hemmen. Dies ist von Mutter Natur so eingerichtet, um zu verhindern, dass Keimlinge zu Unzeiten das Licht der Welt erblicken, zum Beispiel mitten in den kältesten Wintermonaten. Erst nach einer Vorbehandlung erwacht der Keimling zum Leben.

Um diese Entwicklung zu fördern, ließen sich Gärtner allerlei Tricks einfallen.

▶ Schon vor über 2 000 Jahren badeten Gärtner im römischen Reich die Samen von Gurken, Kürbis, Melonen und die anderer Kürbisgewächse (*Cucurbitaceae*) in Molke oder Milch.

▶ Schmetterlingsblütler wie Erbsen, Bohnen, Spargelerbsen, Linsen, Puffbohnen oder Lupinen sollten sich vor der Saat mindestens eine Stunde lang mit Kamillentee vollsaugen können (2 TL getrocknete Blüten/Tasse, 10 bis zwölf Stunden ziehen lassen).

▶ Baldrian fördert das Wurzelwachstum der Keimlinge und »wärmt«. Dieses Kräuterbad bevorzugen die Samen von Zwiebeln, Lauch, Tomaten, Paprika, Andenbeere und Sommerblumen. Ein mehrstündiges Vollbad in Baldrianblüten-Extrakt verhilft kälteempfindlichen Arten wie Gurken, Melonen oder Zucchini auch bei widrigem Wetter zu einem guten Start ins Gärtnerjahr.

▶ In der Erde lauern zahlreiche Pilze, die die noch weitgehend schutzlosen Keimlinge angreifen, ihnen die Stängel abschnüren oder die Wurzeln zersetzen. Vor Schwarzbeinigkeit oder Umfallkrankheiten schützen Meerrettich und Knoblauch. Man zerkleinert jeweils 100 bis 150 g möglichst gründlich und übergießt die breiige Masse mit handwarmem abgekochtem Wasser oder mit Regenwasser. Nach ein bis drei Stunden seiht man ab.

▶ Im Knoblauchbad fühlen sich Tomaten, Gurken, Zinnien, Rittersporn, Ringelblumen wohl. Schmetterlingsblütlern und Kohlgewächsen (Kreuzblütlern) behagt diese Badekur dagegen nicht. Das Vorquellen in Meerrettichwasser tut allen Gemüse- und Blumensamen außer Kohlgewächsen und anderen Kreuzblütlern gut.

▶ Ebenfalls kräftigend und stärkend wirkt eine Samen-Vorbehandlung mit Ackerschachtelhalm-Brühe. Die als Unkraut verschriene Pflanze ist reich an Kieselsäure. Das darin enthaltene

Nach einem Bad in Kräutertee keimen Samen zügig und laufen gleichmäßig auf. Die Setzlinge wachsen kräftig und gesund.

Silizium bauen die Keimlinge in ihre Zellwände ein und verstärken sie, was Pilzen den Angriff erschwert.

▶ In Kräutersud aus Baldrianblüten, Schafgarbe, Löwenzahn, Brennnessel und Kamille vorgequollene Samen keimen nicht nur zügig, sie wachsen auch kräftig und gesund. Da beschädigte und taube Samen an der Oberfläche schwimmen, lassen sie sich während des Bades leicht aussortieren. Vollgesogene, gesunde sinken auf den Boden. Die tropfnassen Samen lässt man flach ausgebreitet auf einem Küchentuch aus Papier oder Baumwolle trocknen und sät sie innerhalb eines Tages, da der Keimvorgang bereits begonnen hat.

Erde vorwärmen

Sobald die Tage wieder deutlich länger werden, beginnt das Vorziehen auf der Fensterbank. Meist ist im Garten, Schuppen oder Keller gelagerte Aussaaterde sehr kalt. Das Keimen beschleunigt, wer die in einen Eimer oder ein Kistchen gefüllte Erde einige Tage lang im Heizungskeller oder beheizten Zimmer vorwärmt.

Platz an der Sonne

Damit die Keimlinge auf der Fensterbank oder im Gewächshäuschen kräftig und kompakt wachsen, benötigen sie so viel Licht wie möglich (ohne freilich in der prallen Sonne gebraten zu werden). Fehlt ihnen Licht, strecken sie die Hälse, bilden schwache Stängel und fallen um. Stärken kann man sie durch Darüberstreicheln: Kräftig gestreichelte Pflanzen wachsen nicht nur kompakter – die regelmäßige Zuwendung kurbelt auch ihre Abwehrkräfte an.

Spurrinnen im Beet

Im Frühjahr, wenn der Boden abgetrocknet ist, beginnt die Aussaat. Viele Samen bilden erst Wurzeln, bevor sie Blätter und Triebe schieben, um die Nährstoffversorgung zu sichern. Bis die unterirdischen Teile ihre Arbeit aufnehmen, sind die keimenden Samen auf gleichmäßige Feuchtigkeit in ihrer unmittelbaren Umgebung angewiesen. Vor allem Möhren vertrocknen oft während des Auflaufens. Deshalb hat es sich bewährt, Gemüse in kleine Rillen zu säen. Dazu zieht man mit der Kante einer Hacke etwa fünf Zentimeter tiefe Furchen, gibt die Samen hinein, deckt etwas Erde darüber und drückt sie gut fest. In den Vertiefungen hält sich die Feuchte länger als auf der glatten Oberfläche. Im Laufe weniger Wochen schwemmt das Regenwasser dann immer mehr Erde in die Grübchen und füllt sie auf. Das erhöht zudem die Standfestigkeit der jungen Pflanzen.

1 **Den Samen von Kürbissen, Gurken und verwandten Arten hilft Milch auf die Sprünge.**

2 **Schachtelhalmbrühe enthält reichlich Kieselsäure. Sie schützt darin gebadete Kartoffelknollen vor Pilzkrankheiten.**

3 **Erbsen, Bohnen, Linsen, Wicken und andere Schmetterlingsblütler bevorzugen ein belebendes Bad in Kamillentee.**

4 **Einer Badekur in der Kräutermischung Humofix unterziehen sich alle Blumen- und Gemüsesamen gerne.**

Da wächst was!

Papprollen von Küchen- oder Toilettenpapier eignen sich hervorragend als kleine Anzuchttöpfe. Halten Sie die Erde feucht, zu viel Wasser begünstigt die Schimmelbildung. Jetzt noch ein wenig Glitter auf die Erde streuen und entspannt abwarten …

>> Tipp

Sie können die Pflänzchen direkt mit der Papprolle in einen größeren Topf umsetzen, da diese in der Erde später verrottet.

Das brauchen Sie

Material

- ✗ Papprollen (Küchenpapier, Toilettenpapier)
- ✗ Lineal
- ✗ Bleistift
- ✗ Schere
- ✗ Etagere mit Deckel
- ✗ Anzuchterde
- ✗ kleiner Löffel
- ✗ verschiedene Kräutersamen
- ✗ Glitter
- ✗ neonfarbenes Papier
- ✗ einige Zahnstocher
- ✗ Klebeband
- ✗ Klebstoff
- ✗ schwarzer Permanentmarker

1 Auf der Papprolle 3–4 cm lange Abschnitte abmessen, mit Bleistift markieren, abschneiden.

2 Die Papprollen-Abschnitte auf einer Etagere verteilen und mit einem Löffel die Anzuchterde einfüllen. Nach Packungsanweisung das Saatgut aussäen und die Erde mit Glitter bestreuen.

3 Das Neonpapier in 2 x 5 cm lange Streifen schneiden, in der Mitte falten und wieder aufklappen. Zahnstocher in die Mitte legen und mit Klebeband festkleben. Das Papier dünn mit Klebstoff einstreichen und zusammenkleben. Das Pflanzschild mit Datum und/oder Kräuternamen beschriften.

März

1 di ☾ ● 🚴   Albin, Roger, Leontina

2 mi ☾ ● 🚴   Volker, Agnes, Karl

3 do ☾ ● 🚴   Kunigunde, Camilla, Leif, Friedrich

4 fr ☾ ● 🐎   Kasimir, Edwin, Humbert

5 sa ☾ ● 🐎   Gerda, Olivia, Dietmar, Tim

Symbole: ● Blüte/Luft   ● Blatt/Wasser   ● Frucht/Feuer   ● Wurzel/Erde

FRÜHLING

6 so ☾ ● 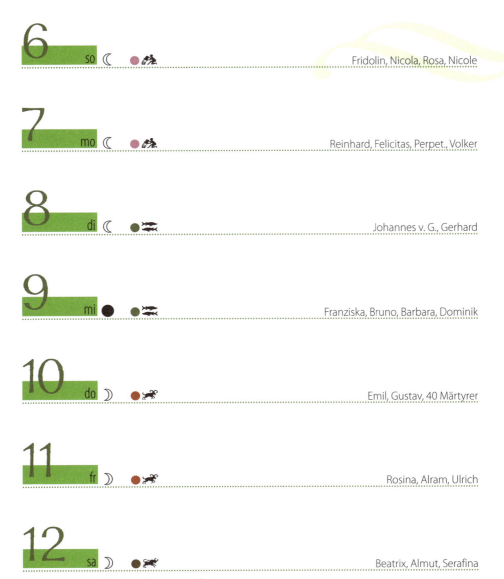 .... Fridolin, Nicola, Rosa, Nicole

7 mo ☾ ● .... Reinhard, Felicitas, Perpet., Volker

8 di ☾ ● .... Johannes v. G., Gerhard

9 mi ● ● .... Franziska, Bruno, Barbara, Dominik

10 do ☽ ● .... Emil, Gustav, 40 Märtyrer

11 fr ☽ ● .... Rosina, Alram, Ulrich

12 sa ☽ ● .... Beatrix, Almut, Serafina

Mond: ☽ zunehmend ○ Vollmond ☾ abnehmend ● Neumond

März

13
so ☽ ● 🦂   Judith, Pauline, Leander

14
mo ☽ ● 🚶   Mathilde, Eva, Evelyn

15
di ☽ ● 🚶   Klemens, Louise

16
mi ☽ ● 🚶   Herbert, Rüdiger

17
do ☽ ● 🦂   Gertrud, Gertraud, Patrick

18
fr ☽ ● 🦂   Edward, Sibylle, Cyrill

19
sa ☽ ● 🦁   Josef, Josefa, Josefine

Symbole: ● Blüte/Luft ● Blatt/Wasser ● Frucht/Feuer ● Wurzel/Erde

FRÜHLING

20 so ☽ ● ♌   Claudia, Wolfram

21 mo ☽ ● ♍   Christian, Axel, Emilia

22 di ☽ ● ♍   Lea, Elmar, Reinhilde

23 mi ○ ● ♍   Otto, Rebekka, Toribio

24 do ☾ ● ♎   Karin, Elias, Heidelinde

25 fr ☾ ● ♎ Karfreitag   Verkündigung d. Herrn, Lucia

26 sa ☾ ● ♏   Ludger, Manuel, Manuela, Lara

Mond: ☽ zunehmend ○ Vollmond ☾ abnehmend ● Neumond

27 so ☾ ● 🦂 Ostersonntag — Augusta, Heimo, Ernst

28 mo ☾ ● 🦂 Ostermontag — Guntram, Ingbert, Willy

29 di ☾ ● 🏹 — Helmut, Ludolf, Berthold

30 mi ☾ ● 🏹 — Amadeus, Diemut

31 do ☾ ● 🦌 — Cornelia, Conny, Nelly, Ben

Symbole: ● Blüte/Luft ● Blatt/Wasser ● Frucht/Feuer ● Wurzel/Erde
Mond: ☽ zunehmend ○ Vollmond ☾ abnehmend ● Neumond

Pflanze des Monats

Dank der hübschen himmelblauen Blüten, die das **Vergissmeinnicht** zahlreich hervorbringt, ist die zweijährige Blume ein romantischer Frühlingsbote. Der Name geht aus einer alten Tradition hervor: Vergissmeinnicht wurde früher als Liebes- und Treuebeweis verschenkt, meist vom Mann an die Frau, weil die blauen Blüten gemäß Volksglauben an die Farbe der Augen frisch verliebter Menschen erinnern. Die 15–30 cm hohe Pflanze mag einen sonnigen Standort mit frischem bis feuchtem und nährstoffreichem Boden. An geeigneten Standorten sät sie sich selbst aus.

Grünes Pesto

Für etwa 150 ml: 100 g Basillikum | 1–2 Knob-
lauchzehen | 30 g Pinienkerne | 1 TL Salz |
150 ml kalt gepresstes Olivenöl | 50 g geriebe-
ner Parmesan | Schwarzer Pfeffer

Dieses Grundrezept kann auch mit
Rucola oder Bärlauch hergestellt werden.
Letzterer hat es jedoch ganz schön in sich,
denn er schmeckt stärker nach Knoblauch
als der frische junge Knoblauch selbst.
Deshalb vorsichtig dosieren. Pinienkerne
können Sie auch durch Walnüsse ersetzen.

1 Basilikum waschen, auf ein Küchentuch legen
und trocken tupfen, etwas klein schneiden.
Die Knoblauchzehen abziehen und fein hacken.

2 Basilikum, Knoblauch, Pinienkerne und Salz mit
der Hälfte des Olivenöls in eine Schüssel geben.
Mit dem Pürierstab fein pürieren.

3 Das restliche Öl und den geriebenen Parmesan
einrühren, mit Salz und Pfeffer abschmecken.

>> Tipp
Pesto in verschließbaren
Gefäßen kühl lagern, ange-
brochene Gläser rasch verbrauchen. Zur Haltbarkeit die
Oberfläche des Pestos immer
mit Olivenöl bedeckt halten.

Basilikum –
mediterranes Lieblingskraut

Kennen Sie jemanden, der kein Basilikum mag? Das Königskraut ist der Inbegriff einer leichten, mediterranen Küche. Sein würzig pfeffriger Geschmack hat die Petersilie von Platz eins der deutschen Charts verdrängt und steht heute in fast jeder Küche. Kein Wunder, bei den vielen tollen Sorten, die es im Gartenfachhandel gibt.

❶ Typ 'Genoveser'

▶ Klassiker, reiche Ernte in einem Sommer
▶ besitzt das bekannte Aroma
▶ liebt Licht, toleriert halbschattigen Platz

Bekannt und beliebt sind die schmackhaften großen grünen Blätter. Vom 'Genoveser' gibt es allein zahlreiche Sorten, häufige sind 'Großes Grünes', 'Aton' oder 'Bascuro'. Sogenannte »FT«-Züchtungen sollen die Pflanze gegen Pilzkrankheiten resistenter machen. Das ist hilfreich, entscheidend bleibt aber die richtige Pflege: von unten gießen, von oben ernten!

❷ 'African Blue'

▶ imposanter Wuchs
▶ regelmäßige Ernte fördert zarte Neutriebe
▶ auch Strauch-Basilikum genannt

Besitzt violett überhauchte, weich behaarte Blätter (als Sonnenschutz!). Der Flaum wird zum Hochsommer dichter, das Blatt schmeckt dann leicht pelzig auf der Zunge. Dagegen hilft ein heller Platz ohne direkte Mittagssonne. Ausdauernde Basilikum-Formen werden leider oft fälschlich als winterhart angeboten. Sie sind mehrjährig bei warmer, heller Überwinterung.

❸ Purpur-Basilikum

▶ dunkelrote Blattfarbe überlagert grüne
▶ wächst darum etwas langsamer
▶ braucht besonders viel Wärme und Licht

Die bekanntesten Sorten heißen: 'Rubin', 'Wildes Purpur', 'Purple Delight' oder 'Chianti'. Mit dem Rotwein teilen sie die Fähigkeit, dem Körper neben Vitaminen mit ihren violett-roten Farbstoffen (Anthocyanen) wichtige Antioxidantien zu liefern. Diese gelten als Radikalenfänger und beugen der Zellalterung vor – ein doppelt gesundes Basilikum also!

❹ 'Pesto Perpetuo'

▶ schmuck & lecker: Laub mit weißem Rand
▶ blüht so gut wie nie – daher der Name
▶ ausdauernd bei 15 °C, viel Winterlicht

Der »Immerwährende Pesto-Lieferant« konzentriert sich also aufs Blättermachen. Weitere empfehlenswerte ausdauernde heißen: 'African Queen', 'Russisches' (auch als 'Krim' im Handel), kleinblättriges 'Kubanisches' oder das mächtige Zyprische. Sie alle gelten als robust gegen Welkepilze, da der Stängel früh verholzt und somit unempfindlicher auf Gießfehler reagiert.

Traditionen und Bräuche im Bauerngarten

Wie jeder Gartentyp hat sich auch der Bauerngarten mit den Jahren verändert. Seine Ursprünge liegen jedoch in der engen Verbundenheit mit dem bäuerlichen Leben.

Wie innig das Verhältnis der Bauern zur Pflanzenwelt war und zum Teil noch ist, zeigt sich wohl am deutlichsten, wenn man das bäuerliche Jahr betrachtet, das wie das Kirchenjahr am ersten Adventssonntag beginnt. Fast kein Festtag verging, ohne dass dabei Pflanzen eine Rolle spielten. Aber selten war es der schmückende Zweck allein, dem sie dienten. Die kirchliche Weihe verlieh den Pflanzen nach frommem Glauben außerordentliche Kräfte. Betrachten wir mal das Frühjahr und seine Feiertage.

Palmbuschen und »Kräutersuppn«

Bis in die heutige Zeit erhalten hat sich in katholischen Gegenden der Brauch, am **Palmsonntag** in der Kirche einen Palmbuschen, kurz »Palm« genannt, weihen zu lassen. Die Zusammensetzung dieses Buschens ist je nach Gegend unterschiedlich. Den Hauptbestandteil bilden die mit jungen, samtartig behaarten Blütenkätzchen besetzten Weidenzweige. Dazu kommen in Gebirgsgegenden Zweige der Stechpalme (*Ilex aquifolium*), in Süddeutschland der Sadebaum (*Juniperus sabina*) oder der nahe verwandte Wacholder (*Juniperus communis*) und in Westdeutschland meist der immergrüne Buchs (*Buxus sempervirens*). Auch die Form und Größe des »Palms« ist verschieden. Von kleinen, mit Krepppapierrosen verzierten Sträußchen bis hin zu mächtigen Buschen, die auf hohen Stangen getragen werden, sind alle Größenstufen anzutreffen. Nach der kirchlichen Weihe wird er nach Hause getragen und dort zunächst am Zaun aufgesteckt, bevor die einzelnen Zweige später auf die verschiedenen Räume des Hauses verteilt werden. Einige werden

hinter das Kruzifix in der Wohnstube gesteckt, andere in die Schlafzimmer gelegt. Auch in den Stall und auf die Felder und Wiesen brachte man Palmzweige – zum Wachstum der Tiere und der Saat. Drohte im Laufe des Jahres ein Gewitter, warf die Bäuerin einige Palmkätzchen ins Herdfeuer, um die Gefahr abzuwenden. Der »Palm« als uralte Darstellung des Baumes galt so über Jahrhunderte als Sinnbild des Lebens und des Schutzes.

In naher Beziehung zum erwachenden Grün des Frühlings steht der **Gründonnerstag**. An diesem Tag isst man in manchen Gegenden neunerlei Kräuter, um das ganze Jahr hindurch gesund zu bleiben. Taubnessel, Kerbel, Pimpinelle, Giersch, Sauerampfer, Löwenzahn, Brennnessel, Beinwell, Lungenkraut, Gundelrebe und Brunnenkresse können Bestandteil der sogenannten »Kräutersuppn« sein, die an diesem Tag auf den Tisch kommt. Das erste Grün, das den Winter gewissermaßen besiegt hat, dem die Kälte des Frühlings nicht schaden kann, hat offenbar eine mächtige Lebenskraft in sich, die es auch dem Menschen mitteilen kann. Auch in dem einst weit verbreiteten Brauch, die drei ersten Frühlingsblumen, die man erblickt, seien es Gänseblümchen oder Veilchen, zu essen, wird der Glaube an diese vitalisierende Kraft sichtbar.

Vom ersten Mai bis Fronleichnam

Die Nacht zum 1. Mai ist die **Walpurgisnacht**, die einstmals so berüchtigte Hexennacht. Um diese Unwesen vom Haus und Hof fernzuhalten, bediente sich der Bauer allerlei Mittel, darunter auch pflanzlicher. Dornige Reiser von

Kreuz- oder Schlehdorn wurden da und dort an die Türen gesteckt. Im Böhmerwald wurden Birkenbäumchen aufgestellt, um den Hexen den Eintritt in Haus und Stall zu verwehren. Man glaubte nämlich, dass sie die Blätter dieser Bäumchen zählen mussten, bevor sie mit ihren Untaten beginnen konnten. Bis sie aber mit dem Zählen fertig seien, läute es in der Früh zum Morgengebet, und dann sei ihre Macht ohnehin gebrochen.

Im Jahreslauf folgt das Fest **Christi Himmelfahrt**. Kräuter, die an diesem Tag gesammelt werden, sollen ganz besondere Wirkung haben, so zum Beispiel die ehemals im Schwäbischen gesammelten »Himmelfahrtsblümchen« (*Antennaria dioica*), die zu Kränzen gebunden und in der Stube aufgehängt das ganze Jahr über vor Blitzschlag schützen sollten. Der Überrest eines alten Vegetationszaubers war es, wenn an Pfingsten in manchen Orten des Bayerischen Waldes ein

in Laub und Blumen gehüllter junger Mann, der »Pfingstlümmel« oder »Pfingstl«, umhergeführt wurde. Unter Hersagung von Sprüchen wollte er milde Gaben erheischen.

Eine große Rolle im Kirchen- und Bauernjahr spielte der **Fronleichnamstag**, auch Antlass- oder Prangtag genannt. Noch heute nimmt die ganze Gemeinde an der feierlichen Prozession durch das Dorf teil. Alle Häuser sind herausgeputzt, der Weg mit Blumen, Kräutern und Blättern bestreut und mit jungen Birkenbäumchen, den sogenannten Maien begrenzt. Die Altäre sind aufs Festlichste geschmückt. Vor ihnen liegen Teppiche aus dunklen Fichtenzweigen, bestreut mit Blüten der Wucherblume, Skabiosen, Glockenblumen, Lichtnelken und was der Bauerngarten sonst noch hergibt. Dunkelrote Pfingstrosen prangen mit weißem Schneeball um die Wette, was ihnen wohl auch den Namen »Prangrosen« einbrachte. Von den »Maien« bricht man sich beim Vorbeigehen Zweige. Da der kirchliche Umgang an ihnen vorüberzog, gelten sie als Segen bringend. Zu kleinen Kränzen gewunden, schmücken sie den Hergottswinkel oder die Fensterkreuze. Einst dienten sie als Schutzmittel gegen Blitzschlag und sollten auch bei Viehkrankheiten Besserung bringen. So zeigt sich eine starke Ähnlichkeit der »Maien« mit dem »Palm«.

Brezenknödel

200 g Brezen oder Laugenstangen | 300 g Toastbrot | 3 EL Pflanzenöl | 3 EL Butter | Salz | Pfeffer | 1 Zwiebel | 1 Knoblauchzehe | 3 EL Petersilienblättchen, fein geschnitten | 300 ml Milch | 6 Eier | Macis

1 Brezen und Toastbrot in sehr feine Scheiben schneiden. Je 1 EL Öl und Butter in einer Pfanne erhitzen. Etwa ein Drittel der Scheiben darin 3–4 Min. bei mittlerer Hitze anrösten, dabei ein- bis zweimal wenden. Salzen, pfeffern, in eine Schüssel geben.

2 Zwiebel und Knoblauch schälen, fein hacken. Pfanne säubern, restliche Butter und Öl erhitzen, Zwiebeln und Knoblauch zugeben und unter Rühren 2–3 Min. andünsten. Dann Petersilie untermischen, alles weitere 2–3 Min. dünsten.

3 Das restliche Brot in eine Schüssel geben, mit lauwarmer Milch beträufeln. Zwiebel-Petersilien-Mix zugeben, alles mit Salz, Pfeffer und Macis würzen. Leicht vermischen (nicht durchkneten!) und mindestens 10 Min. durchziehen lassen.

4 Eier in einer Schüssel aufschlagen und verquirlen. Zusammen mit gerösteten Brotwürfeln zum Knödelteig geben, vorsichtig untermischen. Jeweils 5 EL Knödelmasse zuerst in Frischhaltefolie, dann wie ein Bonbon in Alufolie wickeln. Reichlich Wasser in einem großen Topf aufkochen lassen. Die verpackten Knödel in das kochende Wasser geben und etwa 20 Min. bei kleiner Hitze leicht köcheln.

Knödel-Variationen

Den Teig für klassische Semmelknödel bereitet man mit 500 g Toastbrot und 5 Eiern zu, andere Zutaten wie oben. Für Speckknödel ergänzen Sie je 75 g rohen Schinken und geräucherten Speck. Beides in kleine Würfel schneiden, in einer Pfanne Butter erhitzen und die Würfel darin unter Rühren bei kleiner Hitze anbraten. Zusammen mit dem zweiten Teil Brot zur Knödelmasse geben. Weiter variieren können Sie mit Brennnesselblättern (80 g), 2 EL Rucola, nur 125 ml Milch sowie 125 g geriebenem Bergkäse (nach Unterheben der Eier).

Schweinebraten

2 kg Schweinenacken (mit Schwarte) |
2 EL Dijon-Senf | 3 Knoblauchzehen | 1 EL ge-
trockneter Majoran | 2 EL ganzer Kümmel |
Salz | Pfeffer | 2 l Kalbs- oder Rinderfond |
½ Knollensellerie | 5 Schalotten | 3 Kartoffeln |
5 Karotten | 2 Lorbeerblätter | 1 Stück frischer
Ingwer (ca. 3 cm) | 2 frische Majoranzweige

1 Die Schwarte vom Schweinebraten mit
einem scharfen Küchenmesser rautenförmig
einschneiden (oder vom Metzger einschneiden
lassen). Senf mit 1 geschälten und fein gehack-
ten Knoblauchzehe, 1 EL Majoran und 2 EL Kümmel vermischen, kräftig salzen und pfeffern.

Schweinebratenunterseite damit bestreichen.
Fleisch in eine Schüssel legen und über Nacht
zugedeckt im Kühlschrank durchziehen lassen.

2 Backofen auf 160 °C vorheizen. Schweinebraten rundherum noch einmal mit Salz und
Pfeffer würzen und mit der Schwarte nach
unten in einen Bräter legen. Kalbs- oder Rinder-
fond angießen, Braten auf der mittleren Schiene
im vorgeheizten Backofen etwa 80 Min. garen.

3 Sellerie, Schalotten, Kartoffeln, Karotten und
2 Knoblauchzehen schälen und grob würfeln.
Schweinebraten wenden, Gemüse um den
Braten herum verteilen, alles weitere 60 Min.
garen. Lorbeerblätter, in Scheiben geschnittenen Ingwer und Majoranzweige zugeben, alles
noch einmal 20 Min. im Ofen garen.

>> Tipp

Natürlich können Sie als
Braten auch eine Schweine-
schulter nehmen, der Nacken
ist aber meist saftiger.

Vogel-Kneipe XXL

Trinken ist für Vögel genauso lebenswichtig wie essen – und zwar rund ums Jahr. Im kühlen Nass baden manche gefiederten Gäste sicherlich auch gern. Machen Sie doch gleich noch ein zweites Becken und bieten es, mit Sand gefüllt, als reinigendes Vogelbad an.

Das brauchen Sie

Material

- ✗ Sand
- ✗ unbeschädigtes Rhabarberblatt
- ✗ Speiseöl
- ✗ Fertigbeton aus dem Baumarkt
- ✗ Kaninchendraht
- ✗ feuchter Sand
- ✗ Folie

Werkzeug

- ✗ Zeitungspapier oder Schubkarre
- ✗ Pinsel
- ✗ Drahtschere
- ✗ Eimer
- ✗ Bürste

So wird der Kaninchendraht über den Sockel gestülpt.

1 Geben Sie den feuchten Sand auf Zeitungspapier oder in eine Schubkarre und formen Sie einen Hügel daraus, der größer ist als das Rhabarberblatt. Fetten Sie die Unterseite des Rhabarberblattes mit Speiseöl ein und legen Sie es mit der Oberseite nach unten gewölbt auf den festgeklopften Sandhügel.

2 Mischen Sie den Zement gemäß Packungsanleitung. Er muss erdfeucht bröselig sein, nicht breiig. Kippen Sie den Zement auf das Blatt und verteilen Sie ihn gleichmäßig darüber. Er sollte eine Dicke von 5 cm haben. Die glatte Oberfläche erreichen Sie durch Festklopfen.

3 Legen Sie den Kaninchendraht lose auf den Zement und schneiden Sie ihn rundum so zurecht, dass er 5 cm kleiner als das Blatt ist. Für die spätere Anbindung des Sockels machen Sie in der Mitte des Kaninchendrahts acht sternförmige Schnitte.

4 Für den Sockel kleiden Sie den Eimer mit Folie aus und kippen den Zement hinein. Stampfen Sie den Zement richtig fest, holen Sie ihn aus dem Eimer und ziehen Sie die Folie ab. Geben Sie den Sockel auf das Blatt, stülpen Sie den Kaninchendraht darüber und verbinden Sie Sockel und Blatt mit einer mindestens 3 cm dicken Schicht Zement. Dabei dient der Kaninchendraht als Bewehrung. Lassen Sie den Zement eine Woche trocknen. Drehen Sie die Tränke um. Entfernen Sie den Sand mit Wasser und Bürste aus den Blattritzen.

>> Tipp

Durch Bestreichen mit Butter-
milch erhält die Vogeltränke
ein verwittertes Aussehen.

April

1 fr ☽ ● 🐐 .... Irene, Irina, Hugo

2 sa ☽ ● 🐐 .... Franz v. P., Mirjam, Sandra, Frank

3 so ☽ ● 🚴 .... Richard, Lisa

4 mo ☽ ● 🚴 .... Isidor, Konrad, Kurt

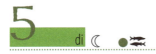

5 di ☽ ● 🐟 .... Crescentia, Vinzenz F., Juliane

Symbole: ● Blüte/Luft ● Blatt/Wasser ● Frucht/Feuer ● Wurzel/Erde

FRÜHLING

6 mi ☾ ● 🐟   Sixtus, William

7 do ● ● 🦂   Ralph, Johann Baptist

8 fr ☽ ● 🦂   Walter, Beate, Rose-Marie

9 sa ☽ ● 🦂   Waltraud, Casilda, Hugo

10 so ☽ ● 🦂   Gernot, Holda, Ezechiel, Engelbert

11 mo ☽ ● 👬   Stanislaus, Hildebrand, Reiner

12 di ☽ ● 👬   Herta, Julius, Zeno

Mond: ☽ zunehmend ○ Vollmond ☾ abnehmend ● Neumond

April

13
mi ☽

Ida, Hermenegild, Gilda, Martin

14
do ☽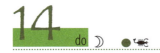

Ernestine, Erna, Elmo

15
fr ☽

Anastasia, Una, Damian

16
sa ☽

Bernadette, Magnus, Joachim

17
so ☽

Eberhard, Wanda, Isadora, Max

18
mo ☽

Werner, Wigbert

19
di ☽

Gerold, Emma, Leo, Timo

Symbole: ● Blüte/Luft ● Blatt/Wasser ● Frucht/Feuer ● Wurzel/Erde

FRÜHLING

20 mi ☽ ● ♎ — Odetta, Hildegund

21 do ☽ ● ♎ — Alexandra, Anselm

22 fr ○ ● ♎ — Alfred, Kaj, Leonidas

23 sa ☾ ● ♏ — Georg, Jörg, Jürgen

24 so ☾ ● ♏ — Wilfried, Egbert, Virginia, Marion

25 mo ☾ ● ♐ — Markus Ev., Erwin

26 di ☾ ● ♐ — Helene, Consuela

Mond: ☽ zunehmend ○ Vollmond ☾ abnehmend ● Neumond

27 mi ☾ ● 🐐
Zita, Petrus C, Montserrat

28 do ☾ ● 🐐
Hugo, Pierre, Ludwig

29 fr ☾ ● 🐎
Katharina v. S., Roswitha, Katja

30 sa ☾ ● 🚴
Pauline, Silvio, Pius V.

Symbole: ● Blüte/Luft ● Blatt/Wasser ● Frucht/Feuer ● Wurzel/Erde
Mond: ☽ zunehmend ○ Vollmond ☾ abnehmend ● Neumond

Pflanze des Monats

Mit der Königsblüte am Apfelbaum
endet des Frühlings Jugendtraum.
(Bauernregel)

Apfelbaum

Nach dem phänologischen Kalender steht die Apfelblüte für den Beginn des Vollfrühlings. Nicht nur die Obstbäume, sondern auch viele Wildpflanzen und Ziersträucher legen dann richtig los. Als Wildform ist der Apfel seit Jahrtausenden bei uns heimisch. Für den eigenen Garten ist der Apfelbaum natürlich wegen seiner köstlichen Früchte interessant. Die heutigen Gartensorten sind auf spezielle Unterlagen veredelt. Welche Sorte man wählt, hängt von den eigenen Geschmacksvorlieben und dem Standort ab. Wichtig dabei: Ein Apfelbaum braucht einen andersartigen Pollenspender, der seine Blüten befruchtet. Eine zweite Sorte in der Nähe – vielleicht beim Nachbarn – ist also notwendig.

Bayerischer Obatzda

250 g Brie | 100 g Crème fraîche | 100 g Quark |
100 g Schmand | 2 Prisen edelsüßes Paprika-
pulver | weißer Pfeffer | 1–3 Prisen Salz |
Kümmel (ganz, grob gehackt oder gemahlen) |
Knoblauchöl

1 Den Brie klein schneiden und in einer
Schüssel mit Crème fraîche, Quark und
Schmand cremig rühren.

2 Den Obatzden je nach Geschmack mit
Paprikapulver, Pfeffer, Salz, Kümmel und
einigen Tropfen Knoblauchöl würzen.

Obatzda ist der bayerische Biergarten-
Klassiker schlechthin – ein Muss, auch
für Nicht-Bayern. Am besten schmeckt
dazu ein frisches Weißbier.

Alte Tierrasse

Wo die Grenze zwischen zutraulich und aufdringlich liegt, scheint dem Ramelsloher Huhn nicht wirklich wichtig zu sein. Es galt über lange Zeit als zentrales Nutztier Norddeutschlands und muss doch um das Überleben seiner Art kämpfen.

Ramelsloher Huhn

Bekannt waren die blaubeinigen Landhühner von der Nordheide bis zur Hansestadt Hamburg vor allem wegen ihrer Stubenküken. Das zarte Fleisch galt den Feinschmeckern Ende des 19. Jahrhunderts als willkommener Leckerbissen. Wenn andere Hühner in der kalten Jahreszeit das Eierlegen fast einstellen, sind die Ramelsloher weiter aktiv. Und so zogen die Bauern im Winter in der warmen Stube Küken, um diese zu Ostern auf den Hamburger Wochenmärkten anzubieten. Die weißen Landhühner waren im Alten Land, den Vierlanden und in den Dörfern der nördlichen Lüneburger Heide verbreitet. Das Wappen von Ramelsloh zeigt unter der Bischofsmütze, die dem Gründer des Ortes huldigt, ein weißes Huhn mit blauen Beinen. 1874 präsentierte Otto Wichmann dieses erstmals in Hamburg unter dem Namen »Ramelsloher Huhn«.

Ramelsloher Hühner sind weiß oder gelb mit schieferblauen Beinen. Der Züchter Thomas Jensen hat eine kleine Vorliebe für die Weißen. »Aber es ist natürlich gar nicht so einfach, die auch so zu halten, dass das Gefieder rahmweiß bleibt. Da darf der Untergrund nicht zu erdig sein«, erläutert er. Und seine Frau bestätigt: »Oder zu moorig. Da ist es mit der Pracht schnell rum. Die sind dann eher schlammig als weiß.«

Sympathiebekundung

Anja Jensen aus Preetz hat ein inniges Verhältnis zu ihren Hühnern. »Die sind nicht nur zutraulich, die sind geradezu aufdringlich. Aber es kommt eigentlich immer nur eins auf den Schoß, da traut sich ein rangniedrigeres Huhn dann nicht hoch.« Ihr Mann versichert, dass diese Zutraulichkeit aber auch ganz klare Grenzen hat. »Die Hühner sind sehr vorsichtig. Die spüren gleich, wenn jemand Fremdes kommt und bleiben dann erst mal auf Abstand. Bei manchen Leuten kommen sie nie näher. Die mögen sie einfach nicht.«

»Die Bedeutung der Hühnerklappe wird unterschätzt«, stellt Anja Jensen klar. »Wenn man nicht sorgfältig ist, haben Fuchs oder Marder schnell ein Blutbad angerichtet. Wir haben den Verdacht, dass das ein Grund ist, warum die Leute plötzlich das Interesse an der Hühnerhaltung verlieren.«

Gewünscht: ganz viel Auslauf

Ramelsloher Hühner sind temperamentvoll und benötigen ausreichend Bewegungsfreiheit. Die bundesweiten Maßnahmen zum Schutz vor Vogelgrippe, wie 2006 angeordnet, haben ihnen und anderen Freigängern, die für eine Volierenhaltung ungeeignet sind, eher geschadet. »Die kann man nicht einfach eingesperrt lassen. Das ertragen weder sie noch der Stall oder wir«, beanstandet Anja Jensen. Die Bereitschaft, Ramelsloher zu nehmen, wenn man sie nicht artgerecht halten darf, sinkt bei neuen Züchtern erheblich.

Alfred Schweitzer, dessen Vorstandsarbeit im Sonderzuchtverein 40 Jahre prägend war, gilt vielen als der Retter der Blaubeiner. In den Siebzigerjahren gab es nur noch sieben Züchter und der Fortbestand der zutraulichen Hühner war ungewiss. Doch selbst wenn es derzeit circa 44 deutsche Züchter gibt, so schätzt Schweitzer, steht es um den Erhalt der Ramelsloher Hühner nicht zum Besten.

Thomas Jensen ist ähnlicher Meinung. »Die Zukunft sieht eher düster aus. Bei Tieren muss ja nur eine Generation von Züchtern nicht sorgfältig arbeiten, schon ist die ganze Rasse gefährdet oder gleich ganz weg. Das sind keine Samenkörner, die man irgendwo hinlegen und für einige Zeit vergessen kann.«

Jedes Huhn hat ganz eigene Vorlieben, genau wie seine Besitzer.

Kartoffelcremesuppe mit Bärlauch

2 Zwiebeln | 20 g Butter | 1 kg mehligkochende Kartoffeln | 1 EL gehackter Schnittsellerie | 1 l Gemüsebrühe | 50 g getrocknete Tomaten | 1 Handvoll Bärlauch | 200 g Sahne | Muskat | 1 TL Pfeffer

1 Die Zwiebeln schälen und würfeln. Die Butter in einem Topf schmelzen und die Zwiebeln darin bei mittlerer Temperatur goldgelb dünsten. Die Kartoffeln schälen und vierteln, mit dem Schnittsellerie in den Topf geben und mit der Gemüsebrühe aufgießen, ca. 20 Minuten köcheln lassen.

2 Die getrockneten Tomaten in feine Streifen schneiden und mit ein wenig heißer Brühe aus dem Topf übergießen, bis sie vollständig bedeckt sind. Den Bärlauch gründlich waschen und fein schneiden.

3 Die Sahne zur Suppe geben, etwas Muskat hineinreiben und den Pfeffer einstreuen. Die Suppe mit dem Stabmixer leicht pürieren, sodass die Suppe cremig wird, aber noch einige Stücke bleiben.

4 Die eingeweichten Tomaten mit der Flüssigkeit dazugeben, den Bärlauch unterziehen und servieren.

Variante
Zu dieser Suppe passen klassische Wiener Würstchen als Einlage.

Bärlauch wächst in Mitteleuropa wild und kann je nach Region ab Februar gesammelt werden. Um eine Verwechslung mit den giftigen Maiglöckchenblättern zu vermeiden, müssen Sie unbedingt auf den bärlauchtypischen, knofeligen Geruch achten. An schattig-feuchten Stellen gedeiht Bärlauch auch in Ihrem Garten.

Kohlrabisuppe mit frischen Kräutern

1 Zwiebel | 1 Stich Butter | 1 l Gemüsebrühe | Muskat | 3–4 Kohlrabi (ca. 1 kg) | 4 Eigelb | 200 g Sahne | eine Handvoll frische Wild- und Gartenkräuter

1 Die Zwiebel schälen und sehr fein würfeln. Butter in einem Topf schmelzen, Zwiebel darin glasig braten. Mit der Brühe ablöschen und etwas Muskat hineinreiben. Kohlrabi schälen, in kleine Würfel schneiden und dazu geben. Aufkochen und ca. 15 Min. simmern lassen.

2 Die Eigelbe in einer kleinen Schüssel mit der Sahne verrühren. Die Schüssel in ein warmes Wasserbad (nicht kochend heiß!) stellen und den Inhalt ab und an umrühren. Damit soll verhindert werden, dass später der Temperaturunterschied zwischen der Suppe und der Legierung zu hoch ist.

3 Wenn die Kohlrabistücke weich gekocht sind, mit einer Schaumkelle aus der Suppe heben und warm stellen. Suppentopf vom Herd nehmen, die Sahne-Ei-Masse allmählich hineinlaufen lassen, mit einem Schneebesen verquirlen.

4 Die Kräuter gründlich waschen und sehr fein schneiden (evtl. mit einem Wiegemesser). Die Kohlrabistücke zusammen mit den Kräutern unterheben. Die Suppe sofort servieren.

Diese Suppe schmeckt immer wieder ein wenig anders, das haben Sie mit der Auswahl der Kräuter in der Hand. Es passen sowohl die klassischen Gartenkräuter Petersilie, Kerbel, Pimpinelle, Sauerampfer, Schnittlauch und Dill als auch diverse Wildkräuter wie Vogelmiere, Giersch, Scharbockskraut (nur vor der Blüte verwenden!), Spitzwegerich, Löwenzahn oder Gundermann.

Eine Kräuterspirale bepflanzen

Auf der Suche nach optimalen Bedingungen bei minimalem Platzverbrauch stieß der Permakultur-Vordenker Bill Mollison Anfang der 1980er-Jahre auf die Idee der Kräuterspirale. Tausendfach imitiert und variiert wurde sie deshalb, weil sie so gut funktioniert.

Was man bei vielen Bauanleitungen häufig vermisst, ist eine überzeugende Pflanzanleitung, die angibt, wo was gepflanzt werden soll, damit man auch noch nach einer Saison ernten kann. Eine gute Bepflanzung funktioniert auf Dauer, wenn die gewählten Kräuter ausreichend winterhart sind. Noch wichtiger ist, dass einzelne Arten nicht zu dominant werden, sich übermäßig ausbreiten und andere unterdrücken. Auch muss die Spirale solide gebaut sein, damit sie nicht nach einem Dauerregen oder von stark wurzelnden Kräutern destabilisiert abrutscht.

Beispielsweise Wermut kann ausgeprochen stark wurzeln. Als Alternative gibt es etwa *Artemisia santonica*, die Balsamraute, die gesamt nur 40 cm hoch wie breit wird. Nichts gegen Wermut, aber auf einer Kräuterspirale hat er erst etwas zu suchen, wenn diese mindestens sechs Meter Durchmesser misst.

Ähnliches gilt für Beinwell, Beifuß, Borretsch, für Wilden Oregano, Schafgarbe, Eibisch und Alant. Baldrian, Liebstöckel und die meisten Minzen nehmen ebenfalls schnell viel Raum ein.

Auf der rechten Seite finden Sie verschiedene Kräuter, die von Natur aus kleiner bleiben. Sie sind optimal für eine Kräuterspirale in reihenhausgartentauglicher Größe von etwa drei Metern Durchmesser. Mit derart ansehnlichen Sandsteinen gebaut, wie auf dem Bild unten sollten Sie mindestens 250 € Materialkosten – plus Pflanzen – einplanen.

Alle Düfte auf einen Streich

- ▶ Wählen Sie einen sonnigen Standort.
- ▶ Fehlendes Licht kann nicht herangeschafft werden.
- ▶ Fehlender Schatten wird im unteren Bereich durch mehr Feuchtigkeit wettgemacht.

Die Qual der Wahl, wohin kommt welches Kraut? Diese Übersicht gibt Tipps zum richtigen Standort, damit das Wachsen gut gelingt.

Auf die magere, trockene Spitze, auf das obere Drittel, pflanzen Sie Kräuter wie Currykraut (*Helichrysum angustifolium* 'Nanum'), Felsen-Ysop *(Hyssopus officinalis aristatus)*, Lavendel *(Lavandula* 'Dwarf Blue'), Busch-Thymian *(Thymus* 'Compactus') und Kriechendes Bohnenkraut *(Satureja illyrica)*.

Auf die mäßig feuchte, humose Mitte, das mittlere Drittel, gehören Arten wie Schnittknoblauch *(Allium tuberosum)*, Busch-Oregano *(Origanum* vulgare 'Compactum'), Spanischer Salbei *(Salvia officinalis ssp. lavandulifolia)*, Kaskaden-Thymian *(Thymus longicaulis)*, Estragon *(Artemisia dracunculus)*, Kamille *(Anthemis nobilis)*, Petersilie *(Petroselinum crispum)* und Rucola *(Diplotaxis tenuifolia)*.

In die nährstoffreiche, feuchte Erde am Fuß werden Kräuter gesetzt wie Kleine Pfefferminze *(Mentha × piperita* 'Nana'), Bunte Melisse *(Melissa officinalis* 'Aureavariegata'), Kreta-Melisse *(Melissa officinalis* ssp. *molissima)*, Süßdolde *(Myrrhis odorata)*, Erdbeer-Minze *(Mentha suaveolens* 'Erdbeer'), Jokka-Minze *(Mentha suaveolens* 'Jokka'), Schnittlauch *(Allium schoenoprasum)*, Schildampfer *(Rumex scutatus)* und Pimpinelle *(Sanguisorba minor)*.

Einjährige Kräuter können Sie noch nach Belieben ergänzen. Basilikum pflanzen Sie in einem Extra-Topf, damit er besser vor Regen geschützt werden kann.

Gürteltasche

Ein Garten lehrt uns flexibel zu bleiben. Denn nicht nur das Wetter macht, was es will. Die Pflanzen entwickeln gleichermaßen ihre eigene Dynamik. Entweder sie wachsen wunderbar oder sie ziehen es vor, sich zu verabschieden. Flexibles Gärtnern erlaubt auch die Gürteltasche. Darin trägt man wichtiges Werkzeug einfach mit sich. Und durch den Verschluss lässt sich die Gürtellänge ganz flexibel an wetterbedingte Kleidung und Figur anpassen.

Material

Das brauchen Sie

- ✗ 65 cm kräftigen Baumwollstoff (150 cm breit)
- ✗ dazu passendes Nähgarn
- ✗ 1 Latzhosengarnitur

So schneiden Sie zu

- ✗ Rechteck 48 x 21 cm für das Taschenunterteil
- ✗ Rechteck 56 x 19 cm für das Taschenoberteil
- ✗ Rechteck 100 x 6 cm für den Gürtel

Nahtzugabe 1,0 cm
Tascheneingriffzugabe 2,0 cm bei dem Taschenoberteil
seitliche Saumzugabe 2,0 cm bei dem Taschenunterteil

1 Beim Taschenoberteil die Tascheneingriffzugabe doppelt nach links einschlagen und steppen. Beim Taschenunterteil die seitliche Saumzugabe doppelt nach links einschlagen und steppen.

2 Beim Taschenoberteil von den Seiten gemessen bei jeweils 19 cm inklusive Nahtzugabe die vertikale Stepplinie markieren. An der unteren Kante rechts und links von der Markierung mit je 2 cm Abstand den Stoff in eine Falte und zur Markierung hin legen. Die Falten mit einer Hilfsnaht auf der Nahtzugabe fixieren. Die seitlichen Nahtzugaben nach innen einschlagen und feststecken. Das Taschenoberteil rechts auf links auf das Taschenunterteil legen und die untere Kante steppen. Das Taschenoberteil nach rechts hochschlagen und auf dem Taschenunterteil seitlich und unten füßchenbreit feststeppen. Auf den markierten vertikalen Stepplinien das Taschenoberteil auf dem Unterteil feststeppen.

Landecht dlv

Gartenjahrbuch 2016

Das Gartenjahrbuch ist Gartenratgeber, Jahrbuch, Terminkalender und bunte Gartenfibel in Einem. Auf jedem Wochenblatt finden Sie Aussaat- und Pflanztipps nach den Mondphasen, Tabellen zum Säen und Pflanzen mit Empfehlungen der günstigsten Mischkulturen. Vor jedem Monatskalendarium befindet sich ein jahreszeitliches Leitthema mit wertvollen Gartentipps.

Art.-Nr. 4424   **Gartenjahrbuch: 9,– €**

Landfrauenkalender 2016

Ganz gleich, welcher Monat oder welche Jahreszeit, unser Landfrauenkalender 2016 begleitet Sie durch das gesamte Jahr. Der Kalender ist randvoll mit praktischen Tipps für Haus und Hof, Gedichten, Sprichwörtern und vielem mehr.

Vom Verkaufspreis geht eine Spende von 1,50 € an die Landfrauenarbeit und an die evangelischen und katholischen Dorfhelferinnen und Betriebshelfer in Bayern.

Art.-Nr. 4442   **Kalender: 7,50 €**

Wald & Wiese bitten zu Tisch

Die Natur bietet uns unzählige frische Köstlichkeiten wie Wildkräuter, Beeren und Pilze. Genau aus diesen Zutaten haben die Landfrauen ein ganz besonderes Kochbuch mit vielen pfiffigen Rezepten erstellt. Von der unkomplizierten Küche für jeden Tag bis hin zum feinen Wildbraten ist alles vereint, was das kulinarische Genießerherz begehrt.

Umfang: 120 Seiten

Art.-Nr. 4273   **Buch: 9,50 €**

Bestellung unter:
www.landecht.de · Tel. +49(0)89-12705-228
Fax +49(0)89-12705-581 · bestellung@landecht.de

kraut&rüben Sonderheft »Vorrat aus eigener Ernte«

Weil Selbstversorgen aus Beet und Topf voll im Trend liegt und Einmachen absolut in ist, setzt kraut&rüben in seiner neuesten Sonderausgabe ganz auf das Thema Vorrat im Glas.
Und zeigt dabei, wie man sich mit vielen bewährten und neuen Rezepten – von süß bis pikant, von Suppe bis Kuchen, von A wie Antipasti bis Z wie Zucchini süßsauer – rund ums Jahr mit dem Besten aus dem eigenen Garten eindeckt.

Umfang: 96 Seiten

Art.-Nr. 4416   **Heft: 5,– €**

Alle lieben Obstkuchen

Knallrote Beeren, saftige Birnen, aromatische Quitten, knackige Äpfel, feine Zwetschgen, süße Kirschen oder säuerliche Exoten – in diesem Backbuch finden sich 90 köstliche Rezepte rund um das Thema Obst.

Umfang: 104 Seiten

Art.-Nr. 4193   **Buch: 8,50 €**

Weitere Koch- und Backbücher aus der Serie »Alle lieben...« online auf www.landecht.de

Die besten Rezepte aus kraut&rüben – Frühling

Dieser Band liefert Ideen zum Nachkochen für Kräuter, Salate, Spargel, Kohlrabi, Spinat und Rukola. 45 Frühlingsrezepte garantieren Koch- und Essvergnügen in der bewährten kraut&rüben-Qualität.

Umfang: 96 Seiten

Art.-Nr. 3199   **Buch: 6,90 €**

Mein Gartentagebuch

Dieses liebevoll gestaltete Gartentagebuch bietet Ihnen viel Raum für eigene Notizen, Erfahrungen, Ideen und Pläne, die zuhause im Gartenparadies entstehen. Hilfreiche Praxistipps für jede Jahreszeit machen das Gartentagebuch zu einer wertvollen Fundgrube für Gartenbesitzer.

Umfang: 128 Seiten

Art.-Nr. 3809   **Buch: 12,50 €**

43266-15 RB

Mai

1
so ☾ ●🚶 Tag der Arbeit — Josef d. Arbeiter, Arnold

2
mo ☾ ●🐟 — Siegmund, Boris, Zoë

3
di ☾ ●🐟 — Philipp u. Jakob, Viola, Alexander

4
mi ☾ ●🐉 — Florian, Guido, Valeria

5
do ☾ ●🐉 Christi Himmelfahrt — Gotthard, Sigrid, Jutta

Symbole: ● Blüte/Luft ● Blatt/Wasser ● Frucht/Feuer ● Wurzel/Erde

FRÜHLING

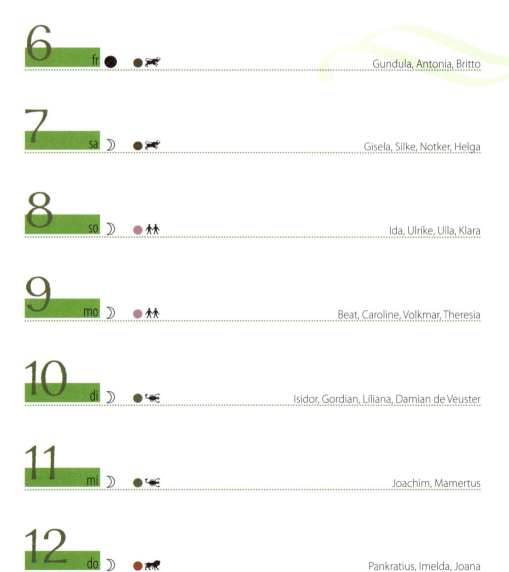

6 fr ● ● 🦂   Gundula, Antonia, Britto

7 sa ☽ ● 🦂   Gisela, Silke, Notker, Helga

8 so ☽ ● 👥   Ida, Ulrike, Ulla, Klara

9 mo ☽ ● 👥   Beat, Caroline, Volkmar, Theresia

10 di ☽ ● 🦂   Isidor, Gordian, Liliana, Damian de Veuster

11 mi ☽ ● 🦂   Joachim, Mamertus

12 do ☽ ● 🦁   Pankratius, Imelda, Joana

Mond: ☽ zunehmend ○ Vollmond ☾ abnehmend ● Neumond

Mai

13 fr ☽ ● 🐎 Servatius, Rolanda

14 sa ☽ ● 🐎 Bonifatius, Ismar, Pascal, Christian

15 so ☽ ● ♐ Pfingstsonntag Sophie, Sonja, Hertraud

16 mo ☽ ● ♐ Pfingstmontag Johann Nepomuk, Adolf

17 di ☽ ● ♎ Dietmar, Pascal, Antonella

18 mi ☽ ● ♎ Erich, Erika, Johannes I., Felix

19 do ☽ ● ♎ Ivo, Yvonne, Kuno

Symbole: ● Blüte/Luft ● Blatt/Wasser ● Frucht/Feuer ● Wurzel/Erde

FRÜHLING

20 fr ○ ● 🦂   Bernhardin, Elfriede, Mira

21 sa ☾ ● 🦂   Hermann, Wiltrud, Konstantin

22 so ☾ ● ⚞   Julia, Rita, Ortwin, Renate

23 mo ☾ ● ⚞   Renate, Désirée, Alma

24 di ☾ ● ⚞   Dagmar, Esther

25 mi ☾ ● 🐎   Urban, Beda, Magdalene, Miriam

26 do ☾ ● 🐎 Fronleichnam   Marianne, Philipp N.

 Mond: ☽ zunehmend ○ Vollmond ☾ abnehmend ● Neumond

Mai

27 fr ☾ ● 🏍️ .... August, Bruno, Randolph

28 sa ☾ ● 🏍️ .... Wilhelm, German

29 so ☾ ● 🐟 .... Erwin, Irmtraud, Maximin

30 mo ☾ ● 🐟 .... Ferdinand, Johanna

31 di ☾ ● 🐟 .... Petra, Mechthild, Helma

Symbole: ● Blüte/Luft ● Blatt/Wasser ● Frucht/Feuer ● Wurzel/Erde
Mond: ☽ zunehmend ○ Vollmond ☾ abnehmend ● Neumond

Die Blüte des **Schwarzen Holunders** eröffnet den Frühsommer. Der robuste Baum oder Strauch zeigt dann seine gelblich-weißen Blüten in Trugdolden, die herrlich duften. Er wächst an fast jedem Standort und war schon immer häufig in der Nähe menschlicher Behausungen zu finden. Kein Wunder, denn er galt schon früh als heilige Pflanze sowie als Allheilmittel und Universalmedizin. Früher verwendete man alle Pflanzenteile. Heute kommen nur noch die Blüten und die schwarzen Beeren, die im August und September geerntet werden können, zum Einsatz.

Pflanze des Monats

Holunderblütenlikör

Für 1 l Likör: 400 g Holunderblüten | 300 g Zucker | 1 TL Zitronensäure | 50 ml Wasser | 1 l Obstler, Korn oder Wodka | 2 Orangen (unbehandelt) | 3 Stiele Zitronenmelisse

1 Holunderblüten mit Zucker und Zitronensäure gut vermischen, 3 Stunden stehen lassen.

2 Geben Sie die Mischung in eine Pfanne und rösten die Blüten kurz bei niedriger Temperatur.

Mit Wasser aufgießen und dann (mithilfe eines Trichters) in eine Flasche füllen.

3 Alkohol, die klein geschnittenen Orangen und die Zitronenmelisse dazugeben und die Flasche verschließen. Den angesetzten Likör an einem sonnigen Ort ca. 1 Woche stehen lassen.

4 Den Holunderblütenlikör durch ein Tuch abseihen und in eine schöne Flasche füllen. Eventuell noch ein Etikett ergänzen und/oder mit einem Schleifenband verzieren.

Ob Sie es glauben oder nicht, dieser Holunderblütenlikör ist nicht nur lecker, sondern auch gesund. Er enthält, kalt getrunken, viele Vitamine. Im Erkältungsfall kann man ihn auch in heißem Tee genießen. Wegen des Alkoholgehalts aber bitte nur Erwachsene!

Gesund und köstlich

Der Holunder wird seit Jahrhunderten als »Apotheke Gottes« bezeichnet – so vielfältig sind die Anwendungsmöglichkeiten seiner Blüten und Beeren. Probieren Sie doch mal diese Rezepte mit Blüten.

Diese Creme wirkt bei geröteter und gereizter Haut unglaublich besänftigend. Sie ist für jeden Hauttyp geeignet.

>> Tipp

Die Holunderblüten können Sie zum Beispiel auf einem Spaziergang am Waldrand sammeln. Nehmen Sie einen geräumigen Korb mit, damit die Blüten luftig und frisch darin liegen können!

Holunderblütencreme

Für ca. 5 Dosen à 60 ml:
15 g Bienenwachs | 45 g Lanolin anhydrid (Wollfett aus der Apotheke) | 125 ml Weizenkeimöl | 125 ml Holunderblütenwasser (Apotheke/Reformhaus)

1 Das Bienenwachs und das Lanolin in einem Wasserbad langsam schmelzen.

2 Das Weizenkeimöl hinzugeben und alles kräftig durchrühren.

3 Tropfenweise das Holunderblütenwasser dazugeben und kräftig unterrühren.

4 Füllen Sie die Creme sofort in saubere Tiegel ab und verschließen sie nach Erkalten. Wer es duftig mag, kann der Creme auch 2–3 Tropfen Duftgeranienöl vor dem Abfüllen beimengen.

5 Stellen Sie die Creme kühl und dunkel, dann ist sie mindestens 4 Monate haltbar.

Holunderküchle

---

2 Eier | 50 g Zucker | 1 Päckchen Vanille-
zucker | 120 g Mehl | ca. 200 ml Milch |
6–8 Holunderblütendolden, frisch geerntet
und ohne Stiel | Frittierfett zum Ausbacken

---

1 Eier, Zucker, Vanillezucker und Mehl miteinander verrühren, anschließend Milch unterrühren,
bis ein nicht zu flüssiger Teig entsteht. Die
Holunderblütendolden in den Teig eintauchen
bzw. abgezupfte Blüten einrühren.

2 Frittierfett auf ca. 180 °C erhitzen und die
abgetropften Holunderblüten ausbacken.

3 Bei Verwendung von Waffelausbackförm-
chen mit Haltegriff diese ca. 1 Min. in dem
siedenden Fett erhitzen, dann die Form in
den Teig tauchen. Das Ausbackförmchen darf
nicht vollständig mit Teig bedeckt sein, da die
fertige Waffel sich sonst nicht mehr vom Eisen
löst. Teig kurz abtropfen lassen, die Form in das
heiße Fett tauchen und ca. 1 Min. goldgelb
frittieren. Die Waffel mithilfe einer Gabel von
der Ausbackform lösen und auf einem Gitter
und Küchenkrepp abtropfen lassen.

Wildkräuter –
grüne Wegelagerer

»Es ist nun einmal so im Gartenbau, je besser der Boden, desto besser gedeiht das Unkraut«, klagt ein Gartenbuch-Autor bereits vor 300 Jahren.

Wildkräuter haben gegenüber Gemüse Heimvorteil. Viele wachsen auch bei niedrigen Temperaturen. Sie behaupten sich auf unter- und überdüngten, stark lehmigen oder sandigen sowie schlecht durchlüfteten Böden, erst recht setzen sie sich auf guten durch. Außerdem bilden viele von ihnen Tausende von Samen, die, selbst wenn die Mutterpflanze gejätet wird, dafür sorgen, dass die Art nicht ausstirbt.

Alte Regeln neu entdeckt

Über Wildkräuter lässt sich trefflich jammern oder schimpfen. Dabei gibt es neben der Methode Nr. 1 (mit Stumpf und Stiel ausreißen) einige hilfreiche, inzwischen kaum noch bekannte Techniken, die den Umgang mit unerwünscht auftretenden Kräutern merklich erleichtern.

Säen Sie zwischen Gemüse- und Salatpflanzen **Ringelblumen**, wie das in alten Klostergärten üblich war. Es eignen sich auch Spinat oder Sommerblumen, die noch im selben Jahr blühen (Einjährige). Wichtig ist, dass sie schnell die Lücken füllen, um den ungestümen Wilden

zuvorzukommen. Falls die Blumen mit der Zeit das Gemüse zu sehr bedrängen, reißt man einzelne Pflanzen aus, steckt sie in eine Vase oder lässt sie auf dem Beet als Mulch liegen.

Vor allem in sommertrockenen Gebieten fasste man früher die Beete mit einem 10–20 cm breiten Band aus **Wollziest** (*Stachys byzantina*) oder **Quendel** (*Thymus serpyllum*) ein, um zu verhindern, dass Wildkräuter von außen in die Beete hineinwucherten. Wie unsere Vorfahren richtig beobachteten, unterdrücken beide nachhaltig grüne Konkurrenz, sobald sie sich etabliert haben. Vermutlich geschieht dies nicht nur, indem sie Licht, Wasser und Nährstoffe für sich beanspruchen, sondern auch durch Stoffe, die ihre Wurzeln in den Boden abgeben, um dadurch ihre Konkurrenten biochemisch in Schach zu halten. Wo die silbrig-weißen Triebe des Wollziests Wurzeln schlagen, gibt es für den Gärtner kaum noch etwas zu jäten. Es soll aber nicht verschwiegen werden, dass Schnecken unter dem Blätterfilz gerne ihre Eier ablegen. Die grünen Sperrzonen an den Beeträndern erfüllen ihren Dienst viele Jahre lang.

Demselben Zweck dienten Beetumrandungen aus dicht gepflanzter **Zitronenmelisse**. Sie liefert zudem zwei-, dreimal pro Saison viele duftende Melissenblätter für Tee oder Mulch.

Jäten und Mulchen

Eine alte Gärtnerweisheit besagt: **Zweimal gründlich jäten** auf den Gemüsebeeten genügt, und zwar je nach Witterung etwa vier und acht Wochen nach der Saat oder Pflanzung. Der Boden darf beim Jäten nicht zu nass und nicht zu trocken sein. Erfahrene Gärtner haben es im Gefühl, wann »es passt« und zu welchem Zeitpunkt die Wildkräuter ihnen den geringsten Widerstand entgegensetzen.

Diese Gärtnerregel gilt seit biblischer Zeit: **Jäten, bevor die Pflanzen zu blühen beginnen!** Haben Hirtentäschel und andere kinderreiche Pflanzen nämlich erst einmal ihre Samen auf den Beeten verteilt, vervielfacht sich die Arbeit.

Um sich das zeitraubende »Ausgrasen« im Frühjahr zu ersparen, **bedeckte man die abgeernteten Beete im Herbst** mit Gartenabfällen (Blätter, andere leicht verrottende Pflanzenreste) und streute eine dünne Schicht Erde darüber. Der Lichtmangel verhindert das Keimen von Unkrautsamen. Bis zum Frühjahr ist das Grünzeug verrottet und das Beet frei für Gemüse.

Eine Methode, die besonders in trockenen Gegenden funktioniert: Die Beete ca. vier Wochen **vor der Saat** oder dem Bepflanzen durchdringend **gießen**, bei starker Trockenheit zwei-,

dreimal im Verlauf von zehn Tagen. Sobald die Wildkräuter sprießen, diese abhacken oder schuffeln. Manche Autoren historischer Gartenbücher empfehlen, diese Methode sogar ein zweites Mal vor dem Bepflanzen durchzuführen. Da aber Wasser, Wind und Tiere wie Ameisen Samen von Wildkräutern verschleppen, ist es sinnvoller, schon nach einmaligem Unkrauthacken mit dem Gemüsegärtnern zu beginnen.

Walnusslaub im Herbst auf die leer geräumten Beete rechen (harken), mit einer dünnen Schicht Erde bedecken. Die Gerbsäure, die der Regen aus den Blättern wäscht, wirkt keimhemmend. Bis zum Frühjahr lässt die Wirkung nach und die Beete können bepflanzt werden.

Wurzelunkräuter wie Quecke und Giersch sollte man nicht direkt auf den Kompost geben, sondern erst verjauchen. Wer Brennnesseln mit in das Gefäß gibt, beschleunigt die Gärung. Frühestens nach drei Wochen kann die Grünmasse kompostiert werden.

1 **Gundermann wurde früher als Heilkraut und Gemüse genutzt.**

2 **Franzosenkraut weist auf einen stickstoffhaltigen Boden hin.**

3 **Wollziest unterdrückt gut Wildwuchs.**

4 **Jäten Sie Wildkräuter wie Vogelmiere lange bevor sie Samen ansetzen.**

Brennnessel –
wehrhaftes Allroundtalent

Unkraut oder Heilkraut? Die Medizin ist sich weitgehend einig, und das bereits seit Hippokrates. Er verordnete die Pflanze zur »Blut- und Leberreinigung« und die Naturheilkunde bestätigt: Die Brennnessel entgiftet und regt Kreislauf und Durchblutung an. In der modernen Wissenschaft gilt sie als harntreibendes sowie – speziell bei Rheuma – als entzündungshemmendes, schmerzlinderndes Therapeutikum.

Die Brennnesselsaison beginnt im zeitigen Frühjahr, wenn sich nach dem Schmelzen des Schnees zaghaft die ersten Blätter zeigen. Die zarten jungen Blätter – bevorzugt die oberen, noch kleinen – schmecken nicht nur köstlich nach Spinat, sie sind auch gesund. Das Power-paket Brennnessel liefert Mineralien und Spurenelemente, Vitamin A, C und E – und zwar im großen Stil: 100 g frische Brennnesseln enthalten 200–330 mg Vitamin C, das ist vier-

Fundorte: nährstoffreiche Standorte rund ums Haus, an Zäunen, Wegrändern, Ufersäumen, am Waldrand

Verwendbare Teile: Blätter, Stängel, Wurzel, Samen

Erntezeit: März bis Oktober

Tee kann aus Blättern oder der Wurzel hergestellt werden.

bis sechsmal so viel wie in Spinat! Genau der richtige Vitaminkick, um die Frühjahrsmüdig-keit zu vertreiben. Und wie sich jeder selber versichern kann, die Blätter brennen überhaupt nicht mehr, wenn sie einmal kurz blanchiert oder gekocht wurden.

Frischekur im Frühjahr

Mit ihrer geballten Pflanzenkraft ist die brennen-de Nessel zum Lieblingskraut für Frühjahrs- und Blutreinigungskuren geworden: 4–6 Wochen lang wird regelmäßig Tee aus Brennnesselblät-tern getrunken. Dazu 1–2 Teelöffel getrocknete oder 2–3 Teelöffel frische Blätter mit 150 ml kochendem Wasser übergießen, 5–10 Minuten ziehen lassen. Vorsichtshalber steigern Sie die Dosierung nur langsam, da die massive Aus-schwemmung von Giftstoffen zu Kopfschmer-zen führen kann: zehn Tage lang eine Tasse Tee, dann zehn Tage zwei Tassen Tee, danach drei Tassen Tee täglich. Neben dem Tee sollten Sie reichlich stilles Wasser trinken.

Brennnessel-Frittata mit Schafkäse

400 g festkochende Kartoffeln | 1 Zwiebel | 250 g frische Brennnesselblätter | 1 EL Olivenöl | 5 Eier | 150 g Schafkäse | Salz | Pfeffer | Muskatnuss, frisch gerieben

1 Kartoffeln schälen, waschen und in ca. 1 cm große Würfel schneiden. In kochendem Wasser etwa 5 Min. garen und abgießen.

2 Zwiebel schälen, Brennnesseln waschen und abtrocknen, alles grob zerkleinern.

3 Olivenöl in einer beschichteten Pfanne erhitzen und Zwiebelwürfel darin kurz an-

braten. Kartoffeln zugeben und weitere 3 Min. braten. Am Schluss die Brennnesselblätter zugeben, kurz zusammenfallen lassen.

4 Eier verquirlen, mit Salz, Pfeffer und Muskatnuss abschmecken und gleichmäßig in die Pfanne gießen. Schafkäse dazu bröseln und alle Zutaten gut vermischen. Die Frittata zugedeckt etwa 6 Min. bei milder Hitze stocken lassen.

5 Nun die Pfanne in den auf 180 °C vorgeheizten Backofen stellen, die Frittata etwa 10 Min. fertig backen und frisch aus dem Ofen servieren. Tomatensalat passt gut dazu.

Spargel-Schinken-Tarte

Für den Teig: 250 g Mehl | 1 Ei | 100 g zimmerwarme Butter plus etwas zum Einfetten | Salz | weißer Pfeffer | frisch geriebene Muskatnuss | 2 EL Semmelbrösel
Für die Füllung: je 200 g gekochter grüner und weißer Spargel | 100 g gekochter Schinken | 200 g Quark | 200 g Frischkäse | 3 Eier | je 1 EL gehackte Petersilie und Schnittlauchröllchen | weißer Pfeffer | Salz | 3 EL geriebener Gouda | 100 g klein gewürfelter Feta

1 Mehl auf eine Arbeitsfläche sieben, in der Mitte eine Mulde eindrücken, das Ei hineingeben. Butter in Stückchen am Rand verteilen, den Mehlrand mit Salz, Pfeffer und Muskat würzen. Die Zutaten von Hand rasch zum Teig verarbeiten, geformt als Kugel in Frischhaltefolie einschlagen, 30 Min. im Kühlschrank ruhen lassen.

2 In der Zwischenzeit die geputzten Spargelstangen in etwa 2 cm lange Stücke schneiden. Schinken in dünne Streifen schneiden. Quark mit Frischkäse und Eiern verrühren. Petersilie und Schnittlauch untermischen und mit Pfeffer und Salz würzen.

3 Den Backofen auf 180 °C (Umluft 160 °C) vorheizen. Eine Tarteform mit Butter einfetten, mit den Semmelbröseln ausstreuen und ausklopfen. Den Teig auf einer bemehlten Arbeitsfläche kreisrund ausrollen und die Tarteform damit auskleiden.

4 Den Spargel auf dem Teigboden verteilen, mit Schinkenstreifen belegen und mit der Quarkmasse überziehen. Zum Schluss mit geriebenem Käse bestreuen und mit Fetawürfeln belegen. Im vorgeheizten Backofen knapp 1 Stunde backen.

Rhabarberkuchen

1 x Mürbeteig (s. u.) | 1 x Rührteig (s. u.) |
800 g Rhabarber | 3 EL Zucker | 2 EL brauner
Zucker | Puderzucker (nach Belieben)

1 Mürbeteig vorbacken, Grundrezept Rührteig
herstellen. Backofen auf 160 °C vorheizen. Rührteig auf dem Mürbeteigboden gleichmäßig
verteilen und glatt streichen.

2 Rhabarber schälen,
Enden abschneiden,
die Stangen in 2–3 cm lange Stücke schneiden.
Rhabarber mit weißem Zucker vermischen, gleich-
mäßig auf dem Teig verteilen und mit braunem
Zucker bestreuen.

3 Kuchen auf der mittleren Schiene im Backofen
40–45 Min. backen. Aus dem Ofen nehmen, abkühlen lassen und nach Belieben mit Puderzucker
bestäubt servieren.

Mürbeteig

220 g Butter in kleine Würfel schneiden,
mit 360 g Mehl, 120 g Puderzucker, 20 g
Speisestärke, 1 ½ Tütchen Vanillezucker,
30 g Eigelb, 2 EL abgeriebener Bio-Zitro-
nenschale und 1 Prise Salz verkneten. Teig
in Frischhaltefolie einwickeln, für 30 Min.
im Kühlschrank ruhen lassen. Teig aus-
wickeln, dünn ausrollen, in eine mit Butter
eingefettete Springform legen, leicht
andrücken, 10 Min. kalt stellen. Dann im
Backofen bei 170 °C 20 Min. backen.

Rührteig

200 g Butter mit 80 g Puderzucker, 1 TL
Vanillezucker und je 1 TL abgeriebene Bio-
Zitronen- und -Orangenschale schaumig
rühren. 5 Eigelb nach und nach unterrühren. 1 TL Rum, 1 Prise Salz untermischen.
Masse rühren, bis sie hellschaumig ist,
dann 220 g Mehl nach und nach unterrühren. 4 Eiweiß mit 25 g Zucker in zweiter
Schüssel cremig schlagen, weitere 55 g
Zucker einrieseln lassen, zu festem Schnee
weiterschlagen. Ein Drittel des Eischnees
zügig unter die Butter-Eigelb-Masse
rühren, den Rest vorsichtig unterheben.

Pfingstrose

Die Bauernpfingstrosen mit ihren dicken, prallen Blüten kamen Mitte des 16. Jahrhunderts als Abkömmlinge der südosteuropäischen *Paeonia officinalis* in die Gärten. Sie sind auch jene, die wirklich an Pfingsten blühen. Doch wurden sie mancherorts stark von den spät blühenden Edelpfingstrosen *(Paeonia lactiflora)* aus dem Fernen Osten verdrängt. Erst in neuerer Zeit kommen die barocken Formen der Bauern-pfingstrose wieder in Mode.

Setzt man eine Pfingstrose in den Garten, so muss man mehrere Faktoren beachten, wenn man später Freude an ihr haben will: Zunächst sollte der **Standort** sorgfältig ausgewählt werden. Pfingstrosen mögen einen sonnigen Platz und lieben nährstoffreichen, lockeren Humus. Nur wenn sie jahrelang ungestört am gleichen Platz steht, entfaltet sie sich in ihrer

ganzen Pracht. Daneben ist es sehr wichtig, auf die **Pflanztiefe** zu achten: Fünf Zentimeter Erdbedeckung sind genug. Sie muss »die Sonne riechen« können. Kommt sie zu tief in den Boden, verkümmert sie, und es dauert Jahre, bis sie Blüten ansetzt. Ferner ist bei der Pflanzung die **Jahreszeit** zu berücksichtigen. Pflanzen aus dem Container kann man eigentlich während der gesamten Vegetationszeit setzen. Pflanzen aber, die ausgegraben und geteilt werden, setzt man jedoch am günstigsten im Spätsommer, da zu dieser Zeit die Wurzelbildung beginnt und die Pflanze so gleich am neuen Standort einwachsen kann. Eine tiefe Bodenbearbeitung und gut bemessene Kompostgaben begünsti-gen diesen Vorgang.

Tief verwurzelt war diese Pflanze im bäuerlichen **Brauchtum und Aberglauben**, aber auch als Heilpflanze wurde sie verwendet. Doch dürfte die Gabe von Pfingstrosenwurzel gegen Gicht und Fallsucht – Krankheiten, bei denen sie häu-fig eingesetzt wurde – zwecklos sein. Und völlig abergläubisch ist sicherlich das Umhängen von Halsketten aus Pfingstrosensamen, um kleinen Kindern das Zahnen zu erleichtern bzw. gegen das »Beschreien« zu schützen.

Pfingstrosen blühen in Rot, Rosa oder Weiß, sowie einfach, gefüllt oder halbgefüllt.

Ein schöner Brauch, der in Bayern da und dort noch anzutreffen ist, brachte der Pfingstrose den Beinamen »Antlass-« oder »Prangrose« ein: Am Fronleichnams-tag (Antlasstag, Prangtag) schmücken die jungen Mädchen den Weg der Prozession mit den Blütenblättern der Pfingstrose. Dies ist ein lebendiges Beispiel dafür, wie Bauerngartenpflanzen in das kirchliche Brauchtum eingebun-den waren und werden.

Je älter, desto schöner werden
die Pfingstrosen, die es lieben,
jahrelang unberührt am selben
Platz gedeihen zu dürfen.

Juni

1 mi ☽ ● 🦂   Simeon, Roman, Luitgard, Angela

2 do ☽ ● 🦂   Blandina, Armin, Eugen, Erasmus

3 fr ☽ ● 🦂   Hildburg, Paul, Karl Lwanga, Klothilde

4 sa ☽ ● 🦂   Klothilde, Christa, Quirin, Werner

5 so ● ● 👫   Bonifatius, Fulger, Wilfried

Symbole: ● Blüte/Luft   ● Blatt/Wasser   ● Frucht/Feuer   ● Wurzel/Erde

SOMMER

6 mo ☽ ● 👫   Norbert, Bertrand, Kevin, Claudia

7 di ☽ ● 🦞   Dietgert, Robert, Gottlieb, Eoban

8 mi ☽ ● 🦞   Ilga, Helga, Giselbert, Medard

9 do ☽ ● 🦁   Felizian, Gratia, Richard

10 fr ☽ ● 🦁   Heinrich, Diana, Gerhard, Margot

11 sa ☽ ● 👧   Rimbert, Adelheid, Alice, Flora

12 so ☽ ● 👧   Leo III., Marinus, Andrea

Mond: ☽ zunehmend ○ Vollmond ☾ abnehmend ● Neumond

13
mo ☽ ● 🏃 Antonius von Padua, Rambert, Otwin

14
di ☽ ● ♎ Hartwig, Burkhard, Meinrad, Gerold

15
mi ☽ ● ♎ Vitus, Gebhard, Lothar, Klara, Isfrid

16
do ☽ ● 🦂 Benno, Quirin, Luitgard, Gebhard

17
fr ☽ ● 🦂 Rainer, Volkmar, Adolf, Gregor

18
sa ☽ ● 🦂 Felicius, Simplicius, Lisbeth, Dolores

19
so ☽ ● 🏹 Romuald, Rasso, Andreas, Juliana

Symbole: ● Blüte/Luft ● Blatt/Wasser ● Frucht/Feuer ● Wurzel/Erde

SOMMER

20 mo ○ ●   Adalbert, Benigna, Margarete

21 di ☾ ●   Alban, Radulf, Alois, Rudolf

22 mi ☾ ●   Paulinus, Christine, Thomas Morus

23 do ☾ ●   Edeltraud, Hildulf, Zeno, Valerie

24 fr ☾ ●   Johannes, Gero, Theodulf, Erenbert

25 sa ☾ ●   Eleonore, Dorothea, Dora, Wilhelm

26 so ☾ ●   Anthelm, Johannes, Paulus, Harald

Mond: ☽ zunehmend ○ Vollmond ☾ abnehmend ● Neumond

27
mo ☾ ● 🐟

Hemma, Cyrill, Daniel; Siebenschläfer

28
di ☾ ● 🐀

Irenäus, Diethild, Ekkehard

29
mi ☾ ● 🐀

Petrus und Paulus

30
do ☾ ● 🦂

Erentrud, Bertram, Otto, Ernst

Symbole: ● Blüte/Luft ● Blatt/Wasser ● Frucht/Feuer ● Wurzel/Erde
Mond: ☽ zunehmend ○ Vollmond ☾ abnehmend ● Neumond

Was es in die Rosen regnet,
wird den Feldern mehr gesegnet.
(Bauernregel)

Pflanze des Monats

Rose

Der Juni heißt in Gärtnerkreisen auch »Rosen-monat«, weil die Königin der Blumen jetzt ihren Blütenhöhepunkt erreicht. »Rosenmond« wurde der Juni früher deshalb auch oft genannt. Wer eine der 30 000 Rosensorten für seinen Garten auswählen will, tut gut daran, im Frühsommer ein Rosarium zu besuchen. In diesen Schau-gärten kann man die Schönheiten nach Sorten geordnet bewundern. Ihr mädchenhafter Charme entfaltet sich in natura einfach viel besser als auf den Fotos von Katalogen. Fast 8 500 Sorten besitzt beispielsweise das 1899 begründete Europa-Rosarium Sangerhausen in Sachsen-Anhalt, ungefähr 2 800 Sorten präsen-tiert das Rosarium im Dortmunder Westfalenpark.

Petunien-Schafgarben-Limonade

½ Tasse frische Petunienblüten | 1 Tasse Schaf-
garbe (nur die Blütendolden verwenden!) |
½ Tasse frische Minzeblüten | 2 Stängel frische
Pfefferminze | 130 g Rohrzucker | 1 l Mineral-
wasser | Saft von 1 Zitrone | Minze-Blättchen

1 Die Blüten und die Pfefferminze werden vorsichtig ausgeschüttelt und kräftig abgespült.

2 Zucker vorsichtig im Mineralwasser auflösen.

3 Die Blüten werden zusammen mit dem
Zitronensaft und dem Zuckerwasser über Nacht
zugedeckt und zum Durchziehen in den Kühlschrank gestellt.

4 Gut gekühlt servieren, evtl. mit einem Blättchen frischer Minze servieren.

Das ist der Erfrischungs-Hit für den
Sommer mit lieblicher Süße und fruchtig-
erfrischendem Aroma. Eine angenehme
Abkühlung, ideal für Zuhause, unterwegs
oder das Büro. Wer mag, serviert den
Drink noch mit einer Scheibe Orange.

Mieze Schindler

Alte
Obstsorte

So klein, so zart, so aromatisch – diese Erdbeere ist eine wahrlich köstliche Liebes-erklärung. Otto Schindler hat sie mit dem Kosenamen seiner Frau Maria »Mieze« versehen und diese dadurch unsterblich gemacht.

'Mieze Schindler' ist eine rein weibliche Erdbeere und benötigt zur Bestäubung eine andere Erdbeersorte mit männlichen Blüten.

aromatischen Walderdbeere – kein Vergleich zur faden Festigkeit heutiger Erdbeeren.

Ziel: Farbe und Geschmack

Otto Schindlers damalige Zuchtziele waren die Erhaltung der schönen, intensiven Erdbeer-farbe nach Ernte und Verarbeitung sowie die Bewahrung des bestmöglichen Geschmacks. Bei den mittlerweile rund 1 000 unterschied-lichen Erdbeersorten weltweit spielen diese Ziele heute keine große Rolle mehr. Seit Mitte des vergangenen Jahrhunderts konzentriert man sich in allererster Linie auf die Erhöhung der Transport- und Lagerfähigkeit sowie auf die Optimierung von Größe und Ertrag.

So bleibt der erste Gartenbaudirektor, Otto Schindler aus Pillnitz an der Elbe, den Menschen nicht nur als Mitbegründer und Wegbereiter der deutschen Obstbaumzüchtung im Gedächtnis, sondern auch als romantischer Ehemann mit Sinn für Geschmack. Um 1925 kreuzte er aus 'Lucida Perfecta' und 'Johannes Müller' eine rein weibliche Erdbeerpflanze. Diese trägt kleinere Früchte als andere Erdbeerpflanzen, mit spät reifenden und sinnlich dunkelroten Beeren. Die Frucht erinnert in Größe und Form eher an eine Himbeere und ähnelt geschmacklich der

Der außergewöhnliche Geschmack der 'Mieze Schindler' ist inzwischen auch wissenschaftlich nachgewiesen. In Erdbeeren stecken bis zu 360 verschiedene Aromen – und keines davon schmeckt eigentlich nach Erdbeere. Erst die Kombination bringt den einzigartigen Erdbeer-Genuss. Eine der Schlüsselsubstanzen ist das fruchtige Methylanthranilat, das bei Walderd-beeren in hoher Dosis vorhanden ist. Genau wie in der 'Mieze Schindler'.

Seit 1933 ist die Erdbeere aus Pillnitz in Deutschland im Handel; schnell fand sie allerorts ihre Liebhaber. Lange Transporte waren und sind mit dem sensiblen Früchtchen allerdings nicht möglich. Zu weich ist es und übersteht daher höchstens den Weg in die nächstgelegene Küche einigermaßen unbeschadet.

Nach dem Krieg setzten die Züchter im Westen Deutschlands daher auf festere und ertragreichere Sorten wie 'Lambada', 'Senga Sengana', 'Dulcita', 'Bogota' und 'Ostara'. Doch in der ehemaligen DDR, wo Erdbeeren eher im eigenen Garten als im Supermarkt zu finden waren, bewahrte und hegte man die kleine, sensible Sammelnuss.

Als rein weibliche Pflanze muss 'Mieze Schindler' in unmittelbarer Nachbarschaft zu anderen Erdbeersorten gepflanzt werden, um Früchte zu tragen. Häufig ist dies die weit verbreitete 'Senga Sengana', die zur gleichen Zeit blüht und sich nicht von der flächendeckenden Ausbreitungswut der Mieze beeindrucken lässt. Für den konventionellen Anbau, wo hohe und gleichzeitige Erträge erwünscht sind, sind solche Sonderbedürfnisse natürlich nicht geeignet.

Dabei ist 'Mieze Schindler' immer noch die wohl süßeste Versuchung, seit es Erdbeeren gibt. Und das ist noch gar nicht so lang. Die Ur-Gartenerdbeere war vermutlich eine Zufallskreuzung aus der südamerikanischen Chile-Erdbeere und der Scharlacherdbeere aus Nordamerika. Sie kam erst Anfang des 18. Jahrhunderts auf den Fregatten der französischen Marine bis nach Europa – und wurde begeistert empfangen.

Für Schleckermäulchen

Der österreichische Tomatenkaiser Erich Stekovic, der etwa 3 000 verschiedene Tomatensorten anbaut und sich dem Erhalt alter Sorten verschrieben hat, ist bekennender 'Mieze-Schindler'-Fan. Daher produziert er am Neusiedlersee sortenreine Erdbeermarmelade und konserviert ihren außerordentlichen Geschmack für alle, die danach gelüstet.

Das Grab von Otto und Maria Schindler auf dem alten Friedhof in Hosterwitz an der Elbe schmücken heute – dank der Initiative des Friedhofverwalters Torsten Ballin – einige 'Mieze-Schindler'-Pflänzchen. Ballin ist Gärtner – und wohl eben auch ein Romantiker.

Erdbeertartelettes

Teig: 125 g Butter | 80 g Puderzucker | 1 Ei (S) | abgeriebene Schale einer ½ Bio-Zitrone | 250 g Mehl | 1 Prise Salz | Hülsenfrüchte
Füllung: 400 g Schmand | 100 g Zucker | 2 Eigelb | 30 g Speisestärke | Mark einer Vanilleschote | 450 g Erdbeeren | 10 Blätter frische Minze | 5 EL Akazienhonig | 2 TL Zitronensaft
Material zum Verpacken: Pappteller | Stoffreste | Garn | Papier | Stift | kleines Fläschchen/Glas

1 Backofen auf 180 °C (Ober-/Unterhitze) vorheizen. Die Tarteletteförmchen (6 cm Durchmesser) sorgfältig ausbuttern. Für den Teig Butter, Puderzucker und Ei kurz mit dem Handrührgerät vermischen. Zitronenschale, Mehl und Salz dazugeben und rasch zu einer homogenen Masse vermischen. Den fertigen Teig in Frischhaltefolie wickeln und für mindestens 30 Min. in den Kühlschrank stellen. Erst danach weiterverarbeiten.

2 Den Teig zwischen zwei Lagen Backpapier ganz dünn ausrollen und 12 Kreise mit 8 cm Durchmesser ausstechen (z. B. mit einem Glas). Die Kreise in die Tarteletteförmchen legen und gut andrücken. Die Böden mit einer Gabel einstechen, mit passenden Kreisen aus Backpapier belegen, mit Hülsenfrüchten beschweren und 10 Min. blindbacken.

3 Nach dem Backen die Hülsenfrüchte und das Backpapier entfernen, die Zutaten für die Füllung miteinander verrühren und auf den Böden verteilen. Nochmals 10–15 Min. weiterbacken. Die Creme sollte nicht braun werden. Aus dem Ofen herausnehmen und abkühlen lassen. Die Erdbeeren sorgfältig waschen, putzen und in gleichmäßige Scheiben schneiden. Fächerförmig auf den Tartelettes verteilen.

4 Die Minze hacken, den Honig mit dem Zitronensaft mischen und die Minze dazugeben. In ein kleines Fläschchen oder Weckglas füllen.

>> Deko-Idee

Die Tartelettes auf einem bunten Pappteller anrichten, den Deckel der Honig-Minz-Marinade mit einem Stoff stück verpacken, das Glas in die Mitte stellen und eine Zettel-Botschaft dazubinden.

Erdbeer-Vanille-Sirup

4 Flaschen à 500 ml | 1 kg Erdbeeren |
500 g Zucker | 1 Pck. Zitronensäure (5 g) |
Mark einer Vanilleschote | 500 g Gelierzucker
für Erdbeeren (2:1)
Material zum Verpacken: Flaschen | Klebe-
band | Tafellack | weißer Holzstift

1 Die Erdbeeren waschen und halbieren,
größere Früchte auch vierteln und in eine
hitzebeständige Schüssel geben. Mit 1 Liter kochendem Wasser übergießen und anschließend
ungefähr 20 Min. ziehen lassen. Durch ein Sieb
abgießen und dabei die Flüssigkeit in einem
Kochtopf auffangen.

2 Die aufgefangene Flüssigkeit mit Zucker,
Zitronensäure, Vanillemark und Gelierzucker gut
vermischen und unter Rühren auf höchster Stu-
fe aufkochen. Unter ständigem Rühren weitere
2 Min. sprudelnd kochen. In sterilisierte Flaschen
abfüllen und fest verschließen.

>> Deko-Idee

Die Flasche wird mit zwei
Klebebandstreifen abge-
klebt, der Zwischenraum mit
Tafellack bemalt. Nachdem
dieser getrocknet ist, wird das
Klebeband abgenommen und
der Tafellack mit einem weißen
Holzstift beschriftet.

Der Sirup passt hervorragend
zu Eis oder Pancakes und verwandelt Mineralwasser in einen
sommerlich-fruchtigen Drink.

Teekur für Pflanzen

Schon in der Antike vertrieben Gärtner mit Hilfe von Salbei Kohlweißlinge aus ihren Kohlbeeten. Inzwischen greift auch die Pflanzenschutzindustrie auf die grüne Medizin zurück. So gibt es im Handel Mittel, die Knoblauch oder das Öl des asiatischen Neembaums enthalten. Bei der Schneckenabwehr sind sie äußerst wirkungsvoll.

Die Schwestern der Abtei Fulda haben es sich zur Aufgabe gemacht, Kräuterextraktrezepte zu sammeln und auszuprobieren. Eine Auswahl haben sie in Broschüren veröffentlicht. Ihnen ist es mit zu verdanken, dass das alte Wissen nicht ganz verloren ging. Jauche aus frühsommerlichen **Birkenblättern** (1 kg / 1 l Wasser) soll so – im Verhältnis 1:5 verdünnt auf Apfel- und Birnbäume gesprüht – vor Schorf schützen. Mit der Brühe aus abgefallenem und in Wasser eingeweichtem **Eichenlaub** (1 kg / 10 l) lassen sich im Frühsommer Ameisen vertreiben. **Getrocknetes Basilikum** (2 TL auf ¼ l Wasser) überbrühen die Klosterschwestern zu einem Tee und verwenden ihn unverdünnt gegen Spinnmilben und Blattläuse an Kübelpflanzen, wobei sie Pflanzen und Erde besprühen. Ein Mix aus **Schachtelhalm- und Basilikumtee** beugt Mehltau an Gurken vor. Tee aus **Lebensbaumtrieben** (*Thuja*) vergällt die Larven des Kartoffelkäfers.

Die Sinne vernebeln

Ätherische Öle und sonstige Stoffe in den Pflanzensäften kurbeln ebenfalls die Abwehrkräfte an, veranlassen die Gewächse, dickere Zellwände zu bilden oder hindern Pilzsporen am Keimen. Andere verwirren mit ihrem Geruch Schädlingen so sehr die Sinne, dass sie ihre Futterpflanzen nicht mehr finden.

In der Regel werden die Pflanzen zerkleinert, mit Wasser überbrüht und nach einer bestimmten Zeit abgeseiht und ausgebracht. Die in den Rezepten angegebenen Mengen dienen dabei in erster Linie als Orientierungshilfe. Die Wirkstoffkonzentration hängt von den verwendeten Pflanzen, Standort, Witterung, Erntetermin usw. ab. Zur Vorsicht sprüht man zunächst die stärkere Verdünnung und erhöht bei Bedarf die Dosis beim folgenden Spritztermin.

Lange pauschal als Humbug abgetan, ist die positive Wirkung von Kräutertees und anderen Pflanzenstärkungsmitteln inzwischen wissenschaftlich bewiesen.

Bei unverdünnten Auszügen empfiehlt es sich, erst eine Probespritzung zu machen, um die Verträglichkeit zu testen. Da die Spritzbrühen von den Pflanzen leicht abperlen, gibt man etwas Neutralseife oder einen Spritzer Handspülmittel dazu. Dies setzt die Oberflächenspannung des Wassers herab und sorgt für bessere Haftung auf den Blättern. Verwahren Sie alle Spritzbrühen sicher vor Kindern und Haustieren.

Kräuterauszüge wirken vorbeugend. Man sprüht sie mindestens dreimal im Abstand von einer Woche. Nachhaltiger wirken sie, wenn man sie regelmäßig ab dem Frühjahr anwendet. Um Schäden an den Pflanzen zu vermeiden, spritzt man nur bei bedecktem Himmel oder früh am Morgen; alle Pflanzenteile rundum benetzen.

Kapuzinerkresse: Blätter grob zerkleinern und mit Wasser überbrühen, bis sie etwa 5 cm bedeckt sind. Drei Stunden ziehen lassen, öfter umrühren. Unverdünnt mit der scharfen Brühe Blutläuse abbürsten. 1:10 bis 1:20 verdünnt gegen Blatt- und Schildläuse einsetzen.

Knoblauch: 100 g Zehen zerkleinern und mit 1 l Wasser überbrühen. 1:7 verdünnt gegen Milben an Erdbeeren, Brombeeren und Reben. Ende April und nach der Ernte viermal im Abstand von drei Tagen Boden und Pflanzen besprühen. Gegen Kräuselkrankheit an Pfirsichbäumen ab Februar bis zum Austrieb alle zwei Wochen mit unverdünntem Tee behandeln.

Salbei: Blätter und Triebspitzen (500 g) überbrühen, in 5 l Regenwasser einrühren und zwei Tage ziehen lassen. Unverdünnt ein- bis zweimal wöchentlich Kohlgewächse damit besprühen. Hält Kohlweißlinge und Kohlfliegen fern. 1:1 verdünnt, beugt er Braun- und Krautfäule an Tomaten und Kartoffeln vor, ebenso Bohnenrost. Nur grünblättrige Sorten verwenden!

Tomaten: Geiztriebe und überzählige Jungpflanzen (1 kg/10 l) 14 Tage lang verjauchen. Kohlgewächse 1:1 verdünnt ein- bis zweimal wöchentlich sprühen, hält Kohlweißlinge fern.

Kompostwasser

Junger Kompost eignet sich hervorragend zur Herstellung einer pflanzenstärkenden Brühe. Die darin enthaltenen Mikroorganismen überziehen die Gewächse mit einem Schutzfilm, der schmarotzenden Pilzen das Leben erschwert. Die Herstellung von Komposttee ist einfach: Man füllt einen Eimer zur Hälfte mit frischem Kompost und gießt mit Regenwasser auf. Zwei, drei Löffel Steinmehl oder eine Tasse Algenextrakt halten die Mikroorganismen bei Laune, ebenso leicht verdauliche Nahrung wie Zucker (5 g/l). Den Eimer stellt man warm (20–25 °C) und rührt täglich kräftig um. Nach etwa einer Woche seiht man die Brühe ab, verdünnt sie 1:5 bis 1:10 mit Regenwasser und sprüht damit die Pflanzen wöchentlich tropfnass – auch die Blattunterseiten benetzen.

Da der Auszug lebende Mikroorganismen enthält, ist er nur begrenzt haltbar. Innerhalb einer Woche sollte man ihn verbrauchen und alle ein bis zwei Wochen neuen Tee ansetzen.

Verwenden Sie zum Herstellen von Komposttee unbedingt jungen Kompost. Nur er enthält aktive Mikroorganismen in ausreichender Menge.

Lavendel – Duft und Sinnlichkeit

Wer den Charme der Provence jetzt in seinen Garten holen will, kommt an Lavendel nicht vorbei. Mehr als 350 Sorten gibt es inzwischen weltweit – einige züchterische Highlights verdienen es, besonders ins Scheinwerferlicht gestellt zu werden.

1 'Blue Ice'

▶ **Herkunft** Die außergewöhnliche Sorte wurde von der Downderry Gärtnerei entdeckt und 2003 in Großbritannien auf den Markt gebracht.

▶ **Blüte** Die Blüten erstrahlen in einem Hellblau, das im Lavendelsortiment einzigartig ist. Auch ihr Duft ist atemberaubend. Die Blüten öffnen sich ab Ende Juni und halten bis weit in den Juli hinein.

▶ **Wuchs** Die Sorte wächst zu kompakten, gleichmäßig geformten Büschen heran. Sie wird etwa 60 cm hoch und nicht viel breiter.

▶ **Verwendung** Die hellblauen Blüten sind eine tolle Ergänzung zu den dunkleren Lavendelsorten. Die Sorte sollte also nicht fehlen, wenn man Lavendelpflanzungen in verschiedenen Schattierungen anlegen möchte. Pro Quadratmeter rechnet man 5–7 Pflanzen.

2 'Nana Alba'

▶ **Herkunft** Die Sorte entstand möglicherweise in Australien. Sie tauchte zum ersten Mal in den 1930er-Jahren im Handel auf.

▶ **Blüte** Die üppig weißen Blüten stehen in hübschem Kontrast zu dem graugrünen Laub. Sie verströmen einen süßen Duft. Die Hauptblüte erscheint im Juli.

▶ **Wuchs** Ein wunderbar dichter Wuchs zeichnet die Sorte 'Nana Alba' aus. Obgleich sie nur rund 40 cm hoch wird, wächst sie kräftig und verzweigt sich gut.

▶ **Verwendung** Mit 'Nana Alba' lassen sich innerhalb von reinen Lavendelpflanzungen reizvolle Kontraste zu violetten Sorten erzeugen. Aufgrund des schwachen Wuchses eignet sie sich gut für Töpfe und Kübel. Man pflanzt 8–12 Pflanzen pro Quadratmeter.

3 'Rosea'

▶ **Herkunft** 'Rosea' war jahrzehntelang die Hauptsorte unter den rosafarbenen Varietäten. Man hat sie schon 1937 im Botanischen Garten von Edinburgh gepflanzt.

▶ **Blüte** Die Blüten erstrahlen in einem zarten Rosa mit einem Hauch von Violett und sie verströmen einen süßen Duft. Die Hauptblüte ist im Juli.

▶ **Wuchs** Das Laub treibt im Frühjahr frischgrün aus und nimmt erst allmählich den typisch grün-grauen Ton an. 'Rosea' wächst buschig und wird etwa 60 cm hoch. Im Alter fallen sie leicht auseinander.

▶ **Standort** Es sollten immer mehrere Pflanzen zusammengesetzt werden, damit der zarte Farbton seine Wirkung ausdrucksstark entfaltet. Die Tuffs passen hervorragend zu blauen und violetten Stauden. Man rechnet 8–12 Pflanzen pro Quadratmeter.

4 'Elizabeth'

▶ **Herkunft** 'Elizabeth' trägt den Namen der Ehefrau von David Christie. Die beiden bauten eine Lavendelfarm auf der Kanalinsel Jersey auf. Dort entdeckten sie 1990 diese schöne Sorte, die erst 2007 von Simon Charlesworth in Großbritannien eingeführt wurde.

▶ **Blüte** Auffallend sind die prächtigen Blütenstände mit ihren intensiv gefärbten violetten Blüten. Neben ihnen bilden die festen, etwas dunkleren Knospen einen hübschen Kontrast. Die Blütezeit beginnt meist erst im August.

▶ **Wuchs** Die Büsche mit dem relativ grauen Laub wachsen straff aufrecht. Sie werden etwa 75 cm hoch.

▶ **Verwendung** 'Elizabeth' entwickelt sich zu eindrucksvollen Blütenhecken, mit denen sich Gartenwege und Einfahrten ganz wunderbar einfassen lassen. Man rechnet mit 3–5 Pflanzen pro Quadratmeter.

Das große BLV Preisausschreiben

Frauenkräuter entdecken – sanft heilen und achtsam leben

Weiblichkeit hat viele Gesichter. Und ebenso viele Pflanzen schenkt uns die Natur für ihre Gesundheit. Bei einigen war ihre besondere Wirkung auf Frauen sogar namensgebend: Das intensiv duftende *Geranium robertianum*, dessen Gerbstoffe östrogenartig wirken und so dem »Storch beim Kinderbringen« helfen, kennen wir als Stinkenden Storchschnabel. Oft ist die Heilkraft auch »unübersehbar«: Die Blätter der *Alchemilla* gleichen einem schützenden Umhang, und genauso umfassend ist auch die Wirkung des Frauenmantels. Er unterstützt die Hormonbalance, wirkt heilsam bei Infekten und auf die Seele.

Frauenmantel und Co. lindern nicht nur akute Beschwerden, mit ihrer regulierenden Kraft begleiten sie Frauen durch ein ganzes Leben. Und lehren so, dass Gesundheit viel mehr ist als die Abwesenheit von Krankheit. Ganz »heil« sein, das heißt vor allem, in Balance sein, körperlich und seelisch. Frauenkräuter wirken nicht einfach als »Gegenmittel« – gegen Regelschmerzen, gegen Unfruchtbarkeit, gegen die Wechseljahre – sondern als Helfer hin zu einem natürlichen Gleichgewicht.

»Was uns guttut, das wächst ganz in unserer Nähe«, sagt eine alte Weisheit aus der Naturheilkunde. Ein Blick auf die Pflanzenwelt um uns herum schenkt uns wunderbare Heilmittel – und eine klarere Sicht auf unsere eigene, weibliche Natur.

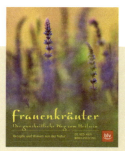

Rezepte und neue Wege zum Heilsein aus der Natur finden Sie in Dr. med. Anja Maria Engelsings Buch **»Frauenkräuter«**

Erschienen im September 2015 im BLV Buchverlag
160 Seiten, 93 Farbfotos, 19,3 x 24,6 cm, Hardcover
19,99 €, 20,60 € [A]
ISBN 978-3-8354-1414-3

So funktioniert's!

Nur eine der 3 Aussagen ist richtig.
Die Antwort finden Sie im nebenstehenden Text.
Die Lösung schreiben Sie bitte auf eine von Ihnen ordnungsgemäß frankierte Postkarte.

Einsendeschluss ist der 2. Februar 2016
(Datum des Poststempels)

Wir wünschen Ihnen viel Glück
beim Lösen der Aufgabe!

BLV Buchverlag GmbH & Co. KG
Postfach 40 02 20
80702 München
›Natürlich Landleben‹-Preisausschreiben

Einzelheiten, die Sie beachten sollten

▸ Teilnahmeberechtigt ist jeder, außer den Mitarbeitern des Verlages und der Druckerei sowie deren Angehörige.
▸ Unter jedem Namen darf nur eine Lösung eingeschickt werden.
▸ Die Lösung schreiben Sie bitte auf eine von Ihnen ordnungsgemäß frankierte Postkarte. Briefumschläge dürfen nicht verwendet werden.
▸ Die Gewinner werden durch Ziehung unter rechtlicher Aufsicht ermittelt. Der Rechtsweg ist ausgeschlossen.
▸ Die Preise können grundsätzlich weder ausgetauscht noch ihr Wert in bar ausgezahlt werden.
▸ Die Gewinne werden allen Gewinnern im Februar/ März 2016 zugesendet.
▸ Durch Einsenden der Lösung erkennt der Teilnehmer des Preisausschreibens diese Bedingungen an.

Warum wird *Geranium robertianum* Stinkender Storchschnabel genannt?

A) Weil seine ätherischen Öle Storchenbisse bei Neugeborenen lindern.

B) Weil es die Fruchtbarkeit fördert und dem Storch beim Kinderbringen hilft.

C) Weil nach altem Volksglauben ein Sträußchen davon im Fenster Störche aufs Dach lockt.

Unsere Preise für Sie!

1. Preis: Elektro-Steinbackofen PRIMUS

Der große Elektro-Steinbackofen für die Küche inklusives fahrbares Untergestell und Zubehör

- Vollschamottiert = Backqualität wie aus dem Holzbackofen
- Backtemperatur bis 320 °C
- Ideal für Brot, Pizza, Fleisch, Aufläufe, Kuchen oder Gebäck
- Ober- und Unterhitze getrennt regulierbar
- Programmierbare Timerfunktion
- Pro-Thermik-Doppelglastüre
- Gehäuse komplett aus Edelstahl
- Qualität made in Germany

im Wert von

3.249.– €*

*Bruttowert

2. Preis: Elektro-Fahrrad »Citybike«

- Rahmengröße: 26" – Rahmenhöhe: 46 cm
- Akku: Hochleistungsakku Lithium-Ionen 36V 16Ah (4 kg)
- Bremsen: hydraulische Scheibenbremsen vorn und hinten (Typ Tektro)
- Reichweite: bis zu 100 km
- Serienausstattung: mit Anfahrhilfe, 36V Ladegerät, Werkzeugset, LCD PAS Display, Einkaufskorb

im Wert von **1.639.– €*** *Bruttowert

und viele weitere Preise: 60 Bücher aus dem BLV Verlag

30 x

30 x

- 30 x »Frauenkräuter«
- 30 x »Was koch' ich heute?«

Juli

1 fr ☾ ● ✸ Theobald, Dietrich, Eckart, Oliver

2 sa ☾ ● ♊ Hugo, Wiltrud, Petrus, Otto

3 so ☾ ● ♊ Helo, Bernhard, Leo, Raimund, Thomas

4 mo ● ● ✸ Ulrich, Berta, Wilhelm, Bruno

5 di ☽ ● ✸ Lätizia, Cyrilla, Dominika

Symbole: ● Blüte/Luft ● Blatt/Wasser ● Frucht/Feuer ● Wurzel/Erde

SOMMER

6 mi ☽ ● ♌   Maria Goretti, Maria Theresia

7 do ☽ ● ♌   Willibald, Ethel, Norbert, Walfried

8 fr ☽ ● ♍   Kilian, Edgar, Eugen, Bettina

9 sa ☽ ● ♍   Veronika, Johannes, Andreas, Leonore

10 so ☽ ● ♍   Knud, Engelbert, Alexander, Olaf

11 mo ☽ ● ♎   Benedikt, Oliver, Olga, Pius

12 di ☽ ● ♎   Nabor und Felix, Sigisbert

Mond: ☽ zunehmend ○ Vollmond ☾ abnehmend ● Neumond

Juli

13 mi ☽ ● 🦂   Heinrich, Sara, Bertold, Eugen

14 do ☽ ● 🦂   Kamillus, Goswin, Roland, Ulrich

15 fr ☽ ● 🦂   Bernhard, David, Waldemar

16 sa ☽ ● ♐   Carmen, Irmengard, Reinhilde, Elvira

17 so ☽ ● ♐   Marina, Gabriele, Charlotte, Irmgard

18 mo ☽ ● 🐎   Odilia, Arnulf, Arnold, Friedrich

19 di ○ ● 🐎   Bernold, Bernulf, Wolf, Rufina

Symbole: ● Blüte/Luft ● Blatt/Wasser ● Frucht/Feuer ● Wurzel/Erde

SOMMER

20 mi ☾ ● 🐐 Margareta, Wilmar, Bernhard, Gepa

21 do ☾ ● Laurentius, Lorenz, Daniel, Stilla

22 fr ☾ ● Maria Magdalena, Verena, Elvira

23 sa ☾ ● 🐟 Birgitta, Liborius, Johannes, Jacqueline

24 so ☾ ● 🐟 Christophorus, Christine, Siglinde

25 mo ☾ ● Jakob, Thea, Thomas von Kempen

26 di ☾ ● 🦁 Joachim und Anna, Christiane, Anke

Mond: ☽ zunehmend ○ Vollmond ☾ abnehmend ● Neumond

Juli

27 mi ☾ ● 🐂
Bertold, Natalie, Rudolf

28 do ☾ ● 🐂
Beatus, Innozenz I., Benno, Viktor

29 fr ☾ ● 👫
Martha, Lucilla und Flora

30 sa ☾ ● 👫
Petrus, Ingeborg, Beatrix

31 so ☾ ● 🦂
Ignatius von Loyola, German, Goswin

Symbole: ● Blüte/Luft ● Blatt/Wasser ● Frucht/Feuer ● Wurzel/Erde
Mond: ☽ zunehmend ○ Vollmond ☾ abnehmend ● Neumond

Wenn sich der **Klatschmohn** zeigt, hat der Sommer Einzug gehalten. Seine leuchtend roten Blütenblätter wirken wie aus feinem Seidenpapier gefertigt. Nur zwei Tage hält eine Blüte, dann ist sie verwelkt. Heute sieht man den Klatschmohn wieder häufiger in den Getreidefeldern, denn die Landwirte setzen inzwischen auf Wirkstoffe, die nicht mehr alles außer den Nutzpflanzen beseitigen, sondern selektiv nur Problemkräuter entfernen. Schön, dass es wieder solche »bunten« Flächen mit rotem Klatschmohn, blauer Kornblume und Wucherblumen gibt!

Duftessig mit Himbeeren, Duftgeranie, Dahlie, Sonnenblume und Gewürztagetes

1 l feinster Apfel- oder Obstessig | 100 g frische Himbeeren | 4 Blätter Duftgeranie (evtl. mit zartem Rosenduft) | 1 Dahlien-Blütenkopf | je 1 EL Sonnenblumen- und Gewürztagetes-Blütenköpfchen

1 Alle Zutaten werden in ein großes Glas mit weitem Hals gefüllt. Dieses wird fest verschlossen und über vier Wochen an einem hellen, warmen Ort stehen gelassen. Sehr gut eignet sich hierfür eine Fensterbank.

2 Nach der »Reifezeit« den Essig sauber abseihen und in schöne Flaschen füllen. Als Dekoration können Blüten mit eingefüllt werden.

>> Tipp
Nehmen Sie den Essig als Geschenk zur nächsten Grilleinladung mit, Ihre Gastgeber werden begeistert sein von dieser vorzüglichen Idee.

Lachsforellenröllchen in Gemüserahm

8 Lachsforellenfilets (à etwa 100 g) | Saft von ½ Zitrone | Salz | weißer Pfeffer, frisch gemahlen | 2 kleine Zucchini | 1 Stange Lauch | 1 Karotte | Butter zum Einfetten | Holzspießchen zum Feststecken
Für die Sauce: 400 g Sahne | 1 TL mittelscharfer Senf | 150 ml trockener Weißwein | 2 TL getrocknete gemischte Kräuter | 50 g Butterflöckchen

1 Die Lachsforellenfilets mit Zitronensaft beträufeln und mit Salz und Pfeffer würzen. Jedes Forellenfilet aufrollen und mit einem Hölzchen feststecken. Den Backofen auf 180 °C (Umluft 160 °C) vorheizen und eine Auflaufform mit Butter einfetten.

2 Die Zucchini waschen, Stielenden entfernen, zuerst längs in dünne Scheiben und dann zusätzlich quer in dünne Streifen schneiden. Die Lauchstange längs halbieren, waschen und quer in feine Streifen schneiden. Die Karotte schälen und mit einem Gemüsehobel grob raspeln. Das Gemüse auf dem Boden der Auflaufform verteilen und die Lachsforellenröllchen daraufsetzen.

3 Die Sahne mit dem Senf und dem Weißwein glatt rühren. Mit Salz und Pfeffer würzen und die Kräuter unterrühren. Alles über Fischröllchen und Gemüse gießen, dann gleichmäßig verteilen. Abschließend die Butterflöckchen daraufsetzen und im vorgeheizten Backofen 20–25 Min. backen.

Kräutermuffins mit Rübli-Dip

150 g gemischte Kräuter (z. B. Petersilie, Estragon, Schnittlauch, Dill, Oregano) | 200 g Magerquark | 4 EL Olivenöl | 50 g saure Sahne | 2 Eier | Salz | 250 g Dinkelmehl (Type 630) | 1 Päckchen Backpulver | 3 EL Sahne
Für den Dip: 200 g Karotten | 100 g Walnusshälften | 1 Bio-Zitrone | 200 g Magerquark | schwarzer Pfeffer, frisch gemahlen

>> Tipp
Da der Muffinteig stark beim Backen aufgeht, sollten die Förmchen nur zu etwa zwei Dritteln gefüllt werden.

1 Den Backofen auf 200 °C (Umluft 180 °C) vorheizen und eine Muffinform mit Papierbackförmchen auskleiden. Die Kräuter waschen, trockenschwenken, Blättchen abzupfen und fein hacken.

2 Für die Muffins Quark, Olivenöl, saure Sahne und Eier mit 1 Prise Salz verrühren. Das Dinkelmehl mit dem Backpulver darübersieben und unter die Quarkmasse ziehen. Die Kräuter unter den Teig mischen.

3 Den Teig mit einem Esslöffel in die vorbereiteten Förmchen füllen. Die Oberfläche mit Sahne bestreichen. Im vorgeheizten Backofen ungefähr 20 Min. backen.

4 In der Zwischenzeit die Karotten schälen und fein reiben. Die Walnusshälften grob hacken. Die Zitrone heiß abspülen, mit Küchenpapier fest abreiben und etwa die Hälfte der Schale fein abreiben. Die Zitrone halbieren und auspressen.

5 Zitronensaft und -schale mit dem Quark verrühren. Möhrenraspel und Walnüsse unterrühren. Mit Salz und Pfeffer abschmecken. Zu den Muffins servieren.

Blüten essen
nicht vergessen

Bunte Blütenpracht sieht nicht nur im Garten hübsch aus. Sie können sie auch zur Dekoration von Salaten verwenden oder Gewürzmischungen damit bereichern. Das schmeckt hervorragend!

Frisches Blütenpesto

2 Tassen frische bunte Blüten | 25 g Pinien-
kerne | Saft von 1 Zitrone | 30 g Parmesan |
50 ml Rapsöl

1 Die gesäuberten Blüten mit Pinienkernen,
Zitronensaft, Parmesan und Öl zu einem Pesto
mörsern. Empfohlen wird Rapsöl, da es weniger
Eigengeschmack als Olivenöl hat. Durch diese
Kombination kommt das fein-würzige Blüten-
aroma am besten zur Geltung.

1 Ringelblume

▸ Blütenblätter & junges Laub mild würzig
▸ versamt an sonnigem Platz
▸ lockerer Stand beugt Mehltau vor

Diese gesunde Blume (*Calendula officinalis*)
ist eine echte kulinarische Bereicherung. Die
Zungenblüten färben Reis und Pasta so gut wie
teurer Safran. Mischen Sie im Beet gefüllt und
ungefüllt blühende Sorten, so gibt es Vielfalt auf
dem Teller. Unkompliziert aus Samen zu ziehen,
gedeiht gut in lockerem Boden.

2 Frucht-Tagetes

▸ Verwandte der Studentenblume
▸ Blüten & junge Blätter frisch aufs Käsebrot
▸ für Suppen oder Salate

Auge, Gaumen und Nase kommen gleichzeitig
auf ihre Kosten, wenn ab Juni die ersten *Tagetes
tenuifolia* blühen. Ein wahrhaft überraschendes
Aroma, für alle, die nur den Duft der Beet-Tage-
tes aus Großmutters Vorgarten kennen: frisch,
nach Zitrusschale. Das könnte also ein Ersatz für
Zitronat oder Orangeat beim Backen sein.

3 Kapuzinerkresse

▸ einer der Klassiker der Blütenküche
▸ Laub und Blüte schmecken würzig scharf

Aus Südamerika stammt die rankende Form wie
auch die kleinere, aufrecht wachsende (*Tropae-
olum majus* und *T. minor*). Der Unterschied fällt
ins Gewicht, wenn man auf Terrasse oder Balkon
mit dem Platz geizen muss. So ein Ranker bedeckt gerne einen ganzen Meter – im Quadrat.
Da hilft nur fleißiges Ernten. Senföle machen
Kapuzinerkresse zum Pfefferersatz. In Essig und
Herbes de Provence eingelegt, schmecken
Blütenknospen wie Kapern.

4 Borretsch

▸ hohe Einjährige, gibt es in blau oder weiß
▸ die kriechende Staude blüht himmelblau

Blüten und Blätter vom staudigen Borretsch
(*Borago officinalis* und *B. pygmaeus*) schmecken nach Salatgurken. Klein, aber fein, denn
er wächst flach über Mauerkronen oder am
Beetrand entlang – wenn Schnecken oder Frost
nicht schneller sind. Der Aufwand der Kübel-
kultur wird mit großer Schönheit vergolten und
ein Platz mit sechs bis acht Minusgraden nicht
krumm genommen. Bildet wie viele Raublatt-
gewächse tiefe Pfahlwurzeln. Boden lockern!

Was sich Insekten & Co. im Garten wünschen

Sie möchten einen rundum gesunden Garten haben? Dann sollten Sie ein Insektenparadies anlegen! So laden Sie Heerscharen von verschiedenen Insekten – Schmetterlinge, Wildbienen, Laufkäfer, Schwebfliegen und viele andere – ein, die Ihnen auf vielerlei Weise nützlich sind. Das geht ganz einfach.

Insekten sind nicht nur herrlich zu beobachten, sie bestäuben auch Blüten, verbreiten Samen, dienen Vögeln und vielen anderen Tieren als Nahrung und halten sich gegenseitig in Schach. Den Pollen übertragenden Sechsbeinern verdanken wir es, dass Äpfel, Birnen, Him- und Brombeeren überhaupt Früchte hervorbringen. Und ausschließlich wegen der Unmengen an Insekten, die es in unseren Sommern gibt, fliegen Rotschwanz, Schnäpper, Grasmücke und viele andere Zugvögel zu uns und brüten hier (und nicht in ihrer mediterranen oder afrikanischen Heimat). Damit Ihr Garten im Gleichgewicht ist, schaffen Sie einen attraktiven Lebensraum für Insekten. Denn wo sich diese wohlfühlen, folgen ihnen Vögel, Igel, Fledermäuse, Eidechsen und andere Tiere.

Gut eingerichtet

Mit den richtigen Strukturen und Pflanzen machen Sie aus Ihrem Garten eine Oase für Insekten und andere Krabbeltiere. Pflanzen Sie heimische Bäume und Sträucher und verzichten Sie auf gezüchtete Sorten, die oft weder Nektar und Pollen noch Früchte und Samen bilden, sowie auf »exotische« Arten. Begrünen Sie intakte Hauswände, Fassaden und Mauern mit Kletterpflanzen wie Efeu, Waldrebe, Wilder Wein oder Wald-Geißblatt. Efeu ist besonders wertvoll, denn er blüht und fruchtet, wenn andere Pflanzenkost rar ist. Legen Sie eine Wiese oder Rabatte mit heimischen Wildblumen an. Auf Glockenblumen, Kugeldistel, Lavendel, Natternkopf, Tauben-Skabiose, Wiesen-Flockenblume, Wiesen-Witwenblume und Wilde Karde stehen Insekten besonders. Pflanzen Sie außerdem viele Kräuter wie Borretsch, Minze, Oregano, Salbei, Thymian und andere. Belassen Sie eine Gartenecke als »wilde Oase« mit Brennnesseln, Disteln und anderen Wildkräutern. Lassen Sie Abgeblühtes und abgestorbene Stauden über den Winter stehen, denn sie bieten den Kleintieren Schutz und ein Versteck in dieser unwirtlichen Zeit. Legen Sie einen Haufen mit Totholz und Reisig, einen anderen mit Steinen an. Auch über eine Trockenmauer, deren Fugen nicht mit Beton verputzt sind, freuen sich die Insekten.

Marienkäfer (oben) und Wildbienen (unten) gehören zu den beliebtesten Insekten im Garten.

Kreuzspinnen (unten) fangen in ihren filigranen Radnetzen jede Menge Mücken.

Wildbienen-Holznest

Mauer-, Löcher- und viele andere Wildbie-
nenarten legen ihre Eier in Löcher im Holz.
In der Natur werden diese normalerweise
von verschiedenen Käferarten gebohrt. Auch
Grab-, Mörtel- und Lehmwespen nutzen diese
verlassenen Wohngänge für ihre Brut. Diesen
Hautflüglern können Sie auf ganz einfache
Weise Nistplätze bieten.

Das brauchen Sie

Material
- ✗ 1 Hartholz, 8 cm stark, 15 x 15 cm
- ✗ Wasserfester Holzleim
- ✗ Kreppband
- ✗ 2 Ösenschrauben
- ✗ Kordel
- ✗ Stab

Werkzeug
- ✗ Bleistift
- ✗ Stichsäge
- ✗ Holzbohrer
- ✗ Maßband

1 Besorgen Sie beim Sägewerk oder Holz-
händler in Ihrer Nähe das Hartholz, zum Beispiel
von Buche oder einem anderen Laubbaum.
Auch eine Baumscheibe eignet sich. Verwenden
Sie kein Nadelholz (Kiefer, Fichte, Lärche), denn
das Harz verklebt die Bohrlöcher.

2 Zeichnen Sie eine Bienen- oder Schmetter-
lingsform auf das Holzstück und sägen Sie sie
mit der Stichsäge aus.

3 Bohren Sie nun mit verschiedenen
Holzbohrern Sacklöcher mit Durchmessern
zwischen zwei und acht Millimeter in das Holz.
Wichtig: Achten Sie darauf, dass die Löcher
blind enden! Durchbohren Sie nicht das Holzstück! Mit einem Kreppbandstreifen können Sie
ganz einfach die richtige Bohrtiefe am Bohrstift
festlegen. Lassen Sie etwa einen Zentimeter
Platz zwischen den einzelnen Löchern. Das Holz
darf an den Löchern nicht reißen.

4 Schrauben Sie nun die beiden Ösen-
schrauben in das Holz. Befestigen Sie an den
Ösenschrauben eine Kordel in der gewünschten
Länge, an der Sie das Holznest aufhängen.

5 Stecken Sie den Stab an einer sonnigen,
regen- und windgeschützten Stelle unter einem
Dachvorsprung oder Baum, vor einer Mauer
oder Wand in den Boden. Hängen Sie das
Holznest im zeitigen Frühjahr an den Stab. Zu-
gedeckelte Löcher zeigen Ihnen, dass sich darin
Wildbienenlarven entwickeln, die im kommenden Frühjahr schlüpfen werden.

>> Tipp
Am besten bauen Sie mehrere
Holznester. Bohren Sie in
jedes von ihnen nur Löcher
mit zwei unterschiedlichen
Durchmessern!

August

1 mo ☾ ● 🦂   Alfons, Kenned, Petrus, Rigbert

2 di ● ● 🦂   Gundekar II., Stephan, Ariane, Alf

3 mi ☽ ● 🦁   Lydia, Benno, Burghard, Burchard

4 do ☽ ● 🦁   Johannes, Maria, Vianney, Dominikus

5 fr ☽ ● 🏃   Oswald, Dominica, Isolde

Symbole: ● Blüte/Luft ● Blatt/Wasser ● Frucht/Feuer ● Wurzel/Erde

SOMMER

6 sa ☽ ● ♐   Hermann, Gilbert, Adelheid, Sixtus

7 so ☽ ● ♎   Afra, Kajetan, Juliana, Donatus

8 mo ☽ ● ♎   Dominikus, Hilger, Gustav, Beate

9 di ☽ ● ♎   Edith Stein, Roman, Theresia

10 mi ☽ ● ♏   Laurentius, Asta, Astrid, Plektrud

11 do ☽ ● ♏   Klara, Nikolaus von Kues, Luise

12 fr ☽ ● ♐   Digna, Claire, Karl, Hilaria

Mond: ☽ zunehmend ○ Vollmond ☾ abnehmend ● Neumond

13
sa ☽ ● 🏹 Wigbert, Gertrud, Gerold, Gerda

14
so ☽ ● 🏹 Maximilian Kolbe, Eberhard, Meinhard

15
mo ☽ ● 🐐 Mariä Himmelfahrt Mechthild, Alfred, Rupert

16
di ☽ ● 🐐 Stephan I., Rochus, Theodor, Arnulf

17
mi ☽ ● 🏇 Jeron, Jutta, Karola, Guda

18
do ○ ● 🏇 Helene, Claudia, Reinald, Stephan

19
fr ☾ ● 🐟 Bertulf, Sigbert, Sebald, Ludwig

Symbole: ● Blüte/Luft ● Blatt/Wasser ● Frucht/Feuer ● Wurzel/Erde

SOMMER

20 sa ☾ ● 🐟 Oswald, Ronald, Hugo, Bernhard

21 so ☾ ● 🦂 Balduin, Isabell, Franziska, Johanna

22 mo ☾ ● 🦂 Regina, Sigrid, Siegfried

23 di ☾ ● 🦂 Rosa, Rosalie, Richild

24 mi ☾ ● 🦂 Bartholomäus, Isolde, Michaele

25 do ☾ ● 👫 Ludwig IX., Patricia, Elvira, Ebba

26 fr ☾ ● 👫 Wulfila, Gregor, Egbert, Sandra

Mond: ☽ zunehmend ○ Vollmond ☾ abnehmend ● Neumond

27
sa ☾ ● 👫   Gebhard, Cäsarius, Ebbo, Monika

28
so ☾ ● 🦂   Augustinus, Elmar, Adelinde

29
mo ☾ ● 🦂   Johannes, Sabina, Vera, Theodora

30
di ☾ ● 🦁   Heribert, Ingo, Rebekka, Amadeus

31
mi ☾ ● 🦁   Paul, Paulinus, Karla, Raimund

Symbole: ● Blüte/Luft   ● Blatt/Wasser   ● Frucht/Feuer   ● Wurzel/Erde
Mond: ☽ zunehmend   ○ Vollmond   ☾ abnehmend   ● Neumond

Pflanze des Monats

Die **Sonnenblume** ist einfach der Inbegriff des Sommers. Ihre wunderschönen Blütenköpfe verleihen jedem Garten oder Balkon ein sonniges Ambiente. Am besten gedeiht sie an hellen und warmen Standorten, wo sie gut mit Wasser versorgt wird. Je nach Sorte wird sie ein bis zwei Meter hoch. Ist Ihnen eigentlich schon einmal aufgefallen, dass bei mehreren Pflanzen die Blütenköpfe immer in die gleiche Richtung weisen? Heliotropismus nennen die Botaniker dieses Verhalten, bei dem sich Blätter oder Blüten immer zum Stand der Sonne hin ausrichten.

Kalte Gurkensuppe mit geräucherter Forelle

2 Salatgurken | 1 Honigmelone | 150 g Crème fraîche | ½ TL weißer Pfeffer | 1 EL weißer Balsam- oder Weißweinessig | 1 gestr. TL Salz | einige Zweige Dill | 250 g geräucherte Forellenfilets

1 Die Gurken gründlich waschen, längs halbieren und die Kerne mit einem Teelöffel herauskratzen. Die Hälften in Stücke schneiden. Die Melone halbieren und von den Kernen befreien. Das Fruchtfleisch auslösen und zusammen mit den Gurkenstücken in eine ausreichend große Rührschüssel geben.

2 Crème fraîche, Pfeffer, Essig, Salz sowie ein paar Zweige Dill dazugeben und alles sehr fein pürieren, bis die Suppe schaumig ist. Die Forellenfilets in kleine mundgerechte Stücke zerpflücken.

3 Die Suppe in Schalen füllen, die Forellenstückchen darüber verteilen und das Ganze mit etwas Dill dekorieren.

>> Tipp
Diese Suppe ist sommerlich leicht. Bei großem Hunger empfiehlt sich, knusprige Laugenstangen mit Butter dazu zu reichen.

Ringelblume

Als Wetterorakel galt die einjährige Pflanze früher, denn pünktlich zu Sonnenaufgang öffnet sie ihre Blüten, die einen Durchmesser von bis zu vier Zentimeter haben. Die Ringelblume schmückt viele Ziergärten und ist auch als Heilpflanze außerordentlich geschätzt.

Der Name der Ringelblume (*Calendula officinalis*) stammt von ihren geringelten Samen. Sie bildet drei verschiedene Samenformen aus, mit denen sie sich jeweils einer anderen Verbreitungsart bedient. Die äußeren sind leicht gebogen und können mit dem Wind davongetragen werden. Die mittleren haben einen Haken, der an vorbeistreifenden Tieren anhaftet, und die inneren, kleinen, kugeligen Samen fallen ganz in der Nähe der Mutterpflanze auf den Boden. Der botanische Name bezieht sich darauf, dass die *Calendula* viele Monate im Jahr blüht – vom Blühbeginn im Juni bis zum ersten Frost.

Fundort: vor allem in Gärten an sonnigen Standorten und verwildert im Feld, aber auch an Wegrändern und Schuttplätzen

Erntezeit: von Juni bis November können die voll erblühten Blüten nachmittags geerntet werden

Inhaltsstoffe: Flavonoide, Carotinoide, ätherische Öle, Saponine, Bitterstoffe, Schleimstoffe, Allantoin, Fermente

Ringelblumensalz – ist gut für ein sanftes Peeling.

Apothekers Liebling

Als alte Apothekenpflanze trägt die Ringelblume den Artnamen »officinalis«. In der Apotheke (im Offizin) war die Ringelblume seit dem Mittelalter als wichtige Heilpflanze erhältlich. Unter anderem als Frauenpflanze, weil ein Tee aus Ringelblumen die Menstruation regulieren kann und Gebärmutterschmerzen lindert.

Wegen der orangegelben Blütenfarbe wurde sie nach der Signaturenlehre als Leberheilpflanze verwendet. Auch heute noch ist die Ringelblume in verdauungsfördernden Teemischungen enthalten, von Vorteil sind dabei ihre entzündungshemmenden, gallensekretionsanregenden und krampflösenden Eigenschaften. Die freundlichen Blüten wirken auch immunstärkend, sie sind in vielen Teemischungen hilfreich, eine Freude fürs Auge und heilsam für die Seele.

Meersalz-Peeling

100 g feines Meersalz | 1 EL pulverisierte Pfefferminzblätter oder Salbei | 2 EL Ringelblumenblüten | 25 g Trockenmilchpulver | 6 Tropfen ätherisches Melissenöl | 6 Tropfen ätherisches Orangenöl

Alle Zutaten miteinander vermischen, in ein Schraubdeckelglas abfüllen und im Badezimmer für den Gebrauch bereithalten. 2–3 EL von dem Peeling mit etwas Wasser zu einer Paste vermischen und die Haut damit sanft massieren.

Kräuter auf Vorrat

Heilpflanzen, die frisch geerntet sofort verwendet werden, entfalten ohne Zweifel ihre Wirkstoffe am unmittelbarsten. Doch auch getrocknet bleiben viele ihrer Eigenschaften erhalten – was liegt also näher, als sich für die kalte Jahreszeit einen Vorrat der wichtigsten Pflanzen anzulegen?

Das Trocknen ist eine altbewährte Methode, um Pflanzenteile über einen längeren Zeitraum haltbar zu machen und vielseitig weiterverwenden zu können. Sammeln können Sie die Kräuter sowohl im Garten als auch in freier Natur. Dabei sollten Sie Folgendes beachten:

▶ Sammeln Sie nur Pflanzen, die Sie kennen und richtig bestimmen können. Ein Bestimmungsbuch ist immer eine große Hilfe.
▶ Sammeln Sie nur Teile von kräftigen und gesunden Pflanzen.
▶ Sammeln Sie keine gefährdeten oder geschützten Pflanzen. Der Artenschutz kann von Region zu Region unterschiedlich sein.
▶ Sammeln Sie schonend durch Abzupfen und Abschneiden und mit Achtung vor der Pflanze, und zwar am besten bei trockenem Wetter.

Die Haltbarmachung

Blätter, Blüten, Triebe – nach der Ernte beginnen die Haltbarmachung und Verarbeitung der Kräuter. Alles Erntegut wird nach dem Abpflücken in flachen Kartons oder breiten Körben gesammelt und dann vorübergehend an einen geschützten Platz gestellt, bevor es auf den Trockenboden kommt. Das ist vor allem in den Haupterntezeiten im Juli und August entscheidend, wenn nicht gleichzeitig geerntet und getrocknet werden kann.

Schon bei dieser Zwischenlagerung ist es wichtig, dass die Pflanzenteile nicht in der prallen Sonne bei hohen Temperaturen liegen. Ansonsten würden sich die ätherischen Öle und alle anderen Inhaltsstoffe verflüchtigen. Für die meisten Produkte, wie Tee, Salze, Würzmischungen und Duftsäckchen, eignet sich am besten die Trocknung. Dabei muss genau auf die richtige Temperatur und auf die Lagerung geachtet werden, damit kein noch so kleiner Stängel schimmelt, fault oder schwarz wird und weggeworfen werden muss.

Trocknen Sie die Pflanzenteile an einem trockenen, luftigen, lichtgeschützten Ort (z. B. auf einem luftigen Dachboden oder in einem Gartenhäuschen). Wer häufig Kräuter trocknet, sollte über die Anschaffung eines Dörrapparats nachdenken. Auch im Backofen kann getrocknet werden. Dabei muss die Ofentüre etwas aufstehen, damit die Feuchtigkeit entweichen kann. Beim Dörrapparat lässt sich die Temperatur sehr genau regulieren.

Die Vorgehensweise

Für die unterschiedlichen Pflanzenteile bieten sich folgende Trocknungsverfahren an:

▶ Langstielige Kräuter können zu kleinen Sträußchen locker zusammengebunden werden. Dann hängt man sie verkehrt herum an einem trockenen und luftigen Platz auf.
▶ Blüten und Blätter: nicht zerkleinern, nur lose nebeneinander auf einem Trockenrahmen auslegen (ein Geschirrtuch über einem Wäscheständer reicht dafür aus). Legen Sie das Trockengut nicht übereinander, sondern nur nebeneinander, damit nichts schimmelt.

▶ Werden nur Blättchen und Blüten benötigt, so zupft man diese von den Stängeln und sortiert nach erster und zweiter Qualität. Dabei werden alle Schmutzpartikel abgeschüttelt oder abgelesen, denn waschen sollte man die Kräuter nicht. Alles, was etwas löchrig ist oder beschädigte Stellen aufweist, wird als zweite Qualität kompostiert.

Entscheidende Faktoren für ein gutes Trocknungsresultat sind die Temperatur und die Zeit. Zarte kleine Erdbeerblättchen sind schon nach zwei Tagen trocken, Basilikum dagegen ist bei gleichen Bedingungen noch nicht einmal nach zwei Wochen ganz trocken. Das liegt am Wassergehalt in den Pflanzenteilen. Um herauszufinden, ob der Trockenvorgang abgeschlossen ist, macht man am besten den Rascheltest. Dazu werden die Blüten oder Blätter zwischen den Fingern leicht bewegt und vorsichtig gedrückt. Raschelt es dabei und brechen die Pflanzenteile leicht, ist alles in Ordnung.

Die Aufbewahrung

Zur Konservierung kommen die Blätter und Blüten nach Arten getrennt in Papiersäcke oder -tüten. Diese stellen Sie wiederum in verschließbare Metallcontainer. Auf diese Weise kann das Trockengut keine Feuchtigkeit ziehen. Sie können Ihre Schätze auch in luftdichten, verschließbaren Gläsern aufbewahren, die lichtgeschützt stehen sollten.

Nach dem Ernten können Sie das Sammelgut in weiten Körben an einem geschützten Platz vortrocknen.

Gefrostetes Heidelbeer-Holunder-Parfait

2 Eiweiß | 50 g Sahne | 150 g Heidelbeeren | 80 g Holunderblütensirup | 30 g Zucker | 100 g Naturjoghurt

1 Eiweiß steif schlagen, danach in einer weiteren Schüssel die Sahne.

2 Heidelbeeren waschen, mit einem Pürierstab oder im Mixer pürieren und mit Holunderblütensirup, Zucker und der steif geschlagenen Sahne verrühren.

3 Eischnee und Joghurt unterziehen und das Parfait für mindestens 6 Stunden oder über Nacht ins Gefrierfach geben.

>> Tipp

Ungekochte Eier enthalten oft Salmonellen, verwenden Sie deswegen nur ganz frische Eier oder Trockeneiweiß und lagern Sie das Parfait nur wenige Tage bei minus 18 °C.

Heidelbeer-Lavendel-Trüffel

100 g Heidelbeeren | 20 g Sahne | ätherisches
Lavendelöl | 300 g dunkle Schokolade |
200 g Zartbitterkuvertüre

1 Heidelbeeren waschen und in einem kleinen
Topf pürieren, kurz aufkochen. Durch ein Sieb
passieren und mit der Sahne und einem (!)
Tropfen Lavendelöl vermengen. Schokolade im
Wasserbad schmelzen und mit der Heidelbeer-
sahne gut verrühren. Die Ganache über Nacht
in einem kühlen Raum abkühlen lassen.

2 Die Heidelbeer-Ganache am nächsten Tag
mit dem Rührgerät schaumig aufschlagen.
Kleine Kugeln auf ein Blech spritzen und im
Kühlschrank aushärten lassen oder die Ganache
in vorgefertigte Pralinenhohlformen spritzen.

3 Kuvertüre im Wasserbad schmelzen, die
festen Heidelbeerkugeln mithilfe einer Pralinengabel in die Kuvertüre tauchen und auf einem
Pralinengitter erkalten lassen. Die Trüffel während des Aushärtens mit der Pralinengabel über
das Gitter rollen, so entsteht eine interessante
wellenartige Struktur.

>> Tipp
Lavendelöl schmeckt
durchdringend, deshalb
bitte sparsam dosieren.

Rund um die Zucchini

Zucchini sind leicht zu kultivieren und schmecken ausgesprochen lecker. Aus Garten und Küche sind sie nicht mehr wegzudenken. Dabei sind die Kürbisgewächse noch gar nicht lange bei uns heimisch.

Auf einen Blick
▶ Aussaat IV–V / Ernte VII–X
▶ sonniger Standort
▶ hoher Platzbedarf
▶ hoher Nährstoffbedarf
▶ einfach anzubauen

Die ursprüngliche Heimat der Zucchini liegt in Nord- und Mittelamerika. Nach Europa sind Kürbis und Zucchini erst in der Neuzeit gelangt. In Südeuropa werden Zucchini schon länger in verschiedenen Sorten kultiviert. Der Name »Zucchini« ist abgeleitet vom italienischen »Zucca« und bedeutet »kleiner Kürbis«. In Deutschland ist sie erst seit den 1970er-Jahren bekannt und bei Kleingärtnern wegen ihrer Unkompliziertheit und hoher Ernteerträge sehr beliebt.

Anbau im Garten

Anders als viele Kürbisse ranken die meisten Zucchinisorten nicht, sondern bilden einen im Verlaufe des Sommers immer größer werdenden Busch, der schließlich mehr als einen Quadratmeter Platz für sich vereinnahmen kann.

Zucchini lassen sich leicht kultivieren und verschaffen auch Gartenanfängern ein echtes Erfolgserlebnis. Sie können bei entsprechend erwärmtem Boden direkt ab Mitte Mai im Freiland aussäen, die Pflanzen entwickeln sich schnell. Die Pflanzen können auch ab Ende April auf dem Fensterbrett oder im Gewächshaus vorgezogen werden. Damit erzielt man einen Entwicklungsvorsprung von zwei bis drei Wochen. Es werden dazu immer zwei Samenkörner in einen Topf von mindestens neun Zentimeter Durchmesser gesteckt. Die schwächere Pflanze entfernt man nach einigen Tagen, die stärkere wird ausgepflanzt. Für den Bedarf einer Familie reicht in der Regel eine Zucchinipflanze, mit zwei Pflanzen ist man gänzlich auf der sicheren Seite und kann noch die Nachbarn beglücken.

Zucchini sind Starkzehrer und vertragen auch frischen Kompost. Der Boden sollte gut gelockert sein, die Pflanzen müssen gründlich gegossen werden. Der Abstand zu anderen Kulturen sollte etwa einen halben Meter betragen. Zucchini gedeihen gut in Mischkultur mit Kapuzinerkresse, Zwiebeln, Lauch oder auch am Fuße von Stangenbohnen.

Wenn die Zucchini zu blühen beginnen, entwickeln sich oft erst einmal viele männliche Blüten, die keine Früchte bilden. Man erkennt sie an dem dünneren Stiel, auf dem sie aufsitzen. Bald darauf kommen auch die weiblichen Blüten und setzen erste Früchte an, die sich bei warmer Witterung rasend schnell entwickeln.

Ernten

Zur Ernte schneidet man die Zucchini einfach mit einem scharfen Messer ab. Idealerweise haben sie dann eine Größe von etwa 15–20 cm erreicht. Wenn Sie häufig ernten, produziert die Pflanze fleißig neue Früchte. Manche Gärtner lassen gerne ihre Zucchini auf Größe eines Männerarms heranwachsen – das ist zwar imposant, aber der Geschmack der Früchte leidet stark.

Zucchini in der Küche

Junge Zucchini werden mitsamt Schalen und den nur andeutungsweise vorhandenen Samen verarbeitet. Ausgereifte Früchte werden geschält und das wattige Fleisch, das die Samen umhüllt, wird ausgekratzt.

Zucchini machen sich gut in allen Arten von sommerlichen Mischgemüsen. Zusammen mit Zwiebeln, Auberginen und Tomate ergeben sie ein typisches französisches Ratatouille. Zucchini lassen sich gut grillen, entweder dünn mit Olivenöl bestrichen oder pur. Paniert kann man Zucchini in Öl ausbacken.

Zucchini lassen sich auch gut roh essen: fein geschnitten als Bestandteil in einem Salat – oder zusammen mit anderen Gemüse als geraspelte Rohkost, angemacht mit Zitronensaft und Öl.

Eingelegte Zucchinistreifen

Für etwa 600 g: 500 g Zucchini | 4 EL Olivenöl | 1 EL Balsamico-Essig | Salz und schwarzer Pfeffer (gemahlen) | 1 Knoblauchzehe | 60 g Pinienkerne | Gefäß mit Schnappbügel

1 Die Zucchini waschen, Enden kappen und längs in dünne Streifen schneiden.

2 1 EL Olivenöl in einer beschichteten Pfanne erhitzen. Ein Viertel der Zucchinistreifen bei mittelhoher Hitze von beiden Seiten im Öl anbraten, bis sie etwas Farbe bekommen. Anschließend in eine Schüssel legen. Die restlichen Zucchinistreifen ebenso verarbeiten.

3 Das restliche Olivenöl aus der Pfanne und den Balsamico-Essig unter die Zucchinistreifen rühren, pikant salzen und pfeffern. Die Knoblauchzehe abziehen, in feine Streifen schneiden und mit den Pinienkernen unterrühren.

4 Die gewürzten Zucchinistreifen in das Glasgefäß einlegen und abgedeckt mindestens 48 Stunden durchkühlen lassen.

Aufgesteckte Holzstücke

Wollen Sie ein Blumenbeet oder einen bepflanzten Kübel auf dem Balkon verschönern? Dann gestalten Sie doch individuelle Gartenstecker, die Sie mit Fundstücken aus Wald und Feld dekorieren!

Das brauchen Sie

für Stecker (großes Bild)

✗ Holzstück
✗ Akku-Bohrschrauber
✗ Bohrer (0,5 mm dünner als der Stangen-Durchmesser)

für Stein

✗ Stein (etwa 4–5 cm groß)
✗ Eisendraht (1,4 mm)

für Drahtform (kleines Bild)

✗ Eisendraht
✗ Zange
✗ brauner Myrtendraht
✗ fester zylinderförmiger Gegenstand (je nach gewünschter Größe, z. B. Glas, Flasche)

1 Durchbohren Sie ein Holzstück und weiten Sie das Bohrloch vorsichtig etwas aus, indem Sie mit dem Akku-Bohrschrauber mehrmals auf und ab bohren. Aber nicht zu stark, schließlich soll das Holzstück fest an der Stange sitzen und nicht rutschen. Des Weiteren sollten Sie darauf achten, dass das Holzstück nicht zu schmal oder brüchig ist, da es sonst beim Bohren auseinanderbrechen kann.

2 Steine lassen sich nur schwer durchbohren. Bei ihnen bietet es sich an, sie mithilfe von Draht in die Gartenstecker zu integrieren. Dazu umwickeln Sie den Stein mit Draht und befestigen ihn an der Eisenstange. Sie können die Stange mit den Drahtenden nach oben und unten einige Zentimeter umwickeln (siehe großes Foto), das wirkt ebenfalls dekorativ.

3 Um die Drahtstecker noch interessanter zu gestalten, können Sie auch Drahtkugeln integrieren (kleines Bild). Dazu wickeln Sie den Draht ungefähr 8- bis 20-mal um einen Gegenstand. Nehmen Sie den entstandenen Ring ab und binden Sie ihn mit dem Myrtendraht zusammen. Biegen Sie dann die Halbkreise auseinander, bis eine gleichmäßige Kugelform entsteht. Diese wird dann auf den Eisenstab gesteckt und mit Myrtendraht befestigt. Für ovale oder eckige Drahtformen umwickeln Sie z. B. eine ovale Spülmittelflasche oder eine eckige Glasflasche und gehen ansonsten wie beschrieben vor.

>> Tipp
Die Dicke der Eisenstange
sollte zur Größe der
Zierelemente passen!

September

1 do ● ● 🏃   Verena, Ruth, Ägidius

2 fr ☾ ● 🏃   Ingrid, René, Salomon, Franz

3 sa ☾ ● 🏃   Gregor, Silvia, Phoebe, Sonja

4 so ☾ ● ♎   Rosalie, Ida, Iris, Irmgard, Sven

5 mo ☾ ● ♎   Roswitha, Urs, Hermine

Symbole: ● Blüte/Luft ● Blatt/Wasser ● Frucht/Feuer ● Wurzel/Erde

HERBST

6 di ☽ ● ♏ Magnus, Gundolf, Bertram, Beate

7 mi ☽ ● ♏ Regina, Otto, Ralph

8 do ☽ ● ♏ Mariä Geburt, Adrian, Otmar

9 fr ☽ ● ♐ Otmar, Edgar, Pedro Cl.

10 sa ☽ ● ♐ Diethard, Isabella, Carlo, Niels

11 so ☽ ● ♑ Helga, Felix u. Regula, Louis

12 mo ☽ ● ♑ Maria Namen, Gerfried

Mond: ☽ zunehmend ○ Vollmond ☾ abnehmend ● Neumond

September

13
di ☽ ●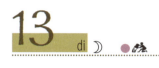
Notburga, Tobias, Johann

14
mi ☽ ●
Kreuzerhöhung, Albert, Jens

15
do ☽ ●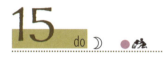
Dolores, Melitta, Melissa

16
fr ○ ●
Ludmilla, Cornelius

17

www.zlf.de

sa ☾ ●
Hildegard, Robert, Ariane

18

www.zlf.de

so ☾ ●
Lambert, Herlinde, Rica

19

www.zlf.de

mo ☾ ●
Wilhelmine, Januarius, Thorsten

Symbole: ● Blüte/Luft ● Blatt/Wasser ● Frucht/Feuer ● Wurzel/Erde

HERBST

20 di ☾ ● ♏︎
www.zlf.de
Hertha, Eustach., Candida, Susanna

21 mi ☾ ● ♏︎
www.zlf.de
Matthäus, Deborah, Jonas

22 do ☾ ● ♊︎
www.zlf.de
Mauritius, Emmeram, Gundula

23 fr ☾ ● ♊︎
www.zlf.de
Linus, Thekla, Gerhild

24 sa ☾ ● ♋︎
www.zlf.de
Rupert, Virgil, Gerhard

25 so ☾ ● ♋︎
www.zlf.de
Klaus, Serge, Irmfried

26 mo ☾ ● ♌︎
Kosmas, Damian, Cosima

Mond: ☽ zunehmend ○ Vollmond ☾ abnehmend ● Neumond

27
di ☾ ● 🦁   Vinzenz, Hiltrud, Dietrich

28
mi ☾ ● 🤸   Wenzel, Lioba, Giselher

29
do ☾ ● 🤸   Michael, Michaela, Gabriel, Gabriela, Gabi

30
fr ☾ ● 🤸   Hieronymus, Urs, Victor

Symbole: ● Blüte/Luft   ● Blatt/Wasser   ● Frucht/Feuer   ● Wurzel/Erde
Mond: ☽ zunehmend   ○ Vollmond   ☾ abnehmend   ● Neumond

Pflanze des Monats

*Bleiben die Schwalben lange,
sei vor dem Winter nicht bange.*
(Bauernregel)

Glattblatt-Aster

Wenn sich im Spätsommer Garten und Terrasse in ein kunterbuntes Blumenmeer verwandeln, dann haben höchstwahrscheinlich die Glattblatt-Astern strahlenden Einzug gehalten. Ihre Blüten leuchten in Weiß-, Lavendel-, Pink-, Rot- und Violetttönen, je nach Sorte werden sie zwischen 80 und 140 cm hoch. Bis zu den ersten stärkeren Frösten erfreuen sie mit ihrem Blütenflor. Und zwar nicht nur den Gärtner, sondern auch viele Insekten, denen sie als Nahrungsquelle dienen. Glattblatt-Astern sind echte Sonnenkinder, nur die intensiven Strahlen der Mittagssonne vertragen sie nicht. Der Standort darf also kühl sein mit nährstoffreichem Boden. Schön sehen sie in Verbindung mit Gräsern und Sonnenhut aus.

Rosmarin-Öl

Für etwa 250 ml: **12 Stängel Rosmarin |
250 ml Öl nach Belieben**

1 Die Rosmarinstängel kalt abbrausen und sorgfältig mit einem Küchentuch trocken tupfen. In ein Einmachglas legen und mit dem Öl nach Wunsch begießen.

2 Das Rosmarinöl mehrere Tage im Kühlschrank durchziehen lassen. Dann innerhalb von etwa 14 Tagen verwenden.

>> Tipp

Sie können das Öl unter Wärmeeinwirkung auch über einen längeren Zeitraum ziehen lassen. Stellen Sie das Öl einfach mehrere Monate auf die Fensterbank. Die Rosmarinnadeln verfärben sich während dieser Zeit und sollten abgeseiht werden. Ein neuer frischer Rosmarinzweig sorgt dann wieder für eine ansprechende Optik.

Langer Genuss – durch Haltbarmachen

Vor den Zeiten von Kühlschrank und Co. musste eine Hausfrau erfinderisch sein, wenn sie die im Herbst anfallende Ernte aus dem Gemüsegarten haltbar machen wollte. Einige Methoden werden heute wieder entdeckt – weil die Ergebnisse einfach lecker sind.

Beim Einmachen kann man außerdem unglaublich kreativ sein: Obst und Gemüse mixen, stärkere Aromaten wie Zimtstange, Pimentkorn oder Koriander zugeben, etwas sehr Cremiges, Streichfähiges produzieren oder etwas, das sich als Füllung für ein Fladenbrot eignet – es geht einfach alles.

Manche mögen's süß

Zucker, Hitze und Gargut – so ernsthaft klingt es, so einfach ist es und so lecker schmecken dann Gelees, Fruchtaufstriche, Marmeladen. Zucker selbst macht allerdings gar nicht haltbar. Er muss mit anderen Konservierungstechniken kombiniert werden; das unterscheidet ihn beispielsweise vom Salz. Ohne das Sterilisieren von Gläsern, in die das Gezuckert-Gekochte eingefüllt wird, ginge es nicht. Sie schließen ordentlich und schützen damit vor dem Verderb.

Manche mögen's sauer

Salz funktioniert ganz anders: Es erniedrigt den Wassergehalt und entzieht Mikroorganismen, die ein Lebensmittel verderben können, die Nahrungsgrundlage. Gemüse und Kräuter lassen sich ebenso wie Eier oder Fleisch und Fisch durch Einsalzen haltbar machen.

Mit Essig lässt sich so ziemlich alles, vom Weißkohl bis zum Obst, einmachen. Viele Kulturen kennen diese wunderbare Art der Haltbarmachung, und einige Länder sind zu echter Meisterschaft aufgestiegen; ganz vorne dürfte Polen stehen, wo bis heute viele Hausfrauen mit ihren berühmten Gurken punkten. Für diesen Einmachvorgang kommt neben Essig oft etwas Salz und Zucker zum Einsatz. Überdies kommen dekorative Aromaträger wie Senfkörner, Dillbüten oder -kraut, Pfefferkörner, Wacholderbeeren oder Lorbeerblätter ins Spiel.

Einwecken

Fast ein bisschen altmodisch kommt das Thema Einwecken daher. Auch hier geht es um das Einmachen von Obst und Gemüse in Gläsern zur guten Haltbarmachung. Doch passiert diese erst nach der Abfüllung, beim Einweckprozess, der auf dem Herd oder im Backofen stattfindet. Ganz einfach gesagt ist das Einwecken ein schnödes Erhitzen und Köcheln, bis die Gläser nach etwa einer Stunde pasteurisiert und damit keimfrei sind.

In Öl eingelegt

Gemüse lässt sich prima in Öl einlegen oder sogar mit Öl versiegeln. Schon eine Fettschicht von zwei Zentimetern verhindert den Zutritt von Feuchtigkeit und Luft. Dennoch – und das ist das Wichtige bei dieser Methode – muss das Lebensmittel vorher eben eingelegt sein, denn

Öl verhindert nur das Verderben »von außen«, macht aber das Produkt selbst nicht haltbar. Je nach Geschmack eignet sich Olivenöl, aber auch einfaches Sonnenblumenöl für diese Versiegelung. Wichtig ist hier auch die Lagerung an sich, dunkel und kühl.

Chutneys und Relishes

Eingemachtes Obst und Gemüse oder eine Mischung daraus – das ist beileibe kein deutscher Geschmack oder sogar nur ein europäischer. So wie wir Cornichons und Dillgurken zum Abendbrot mögen, wird in der indischen Küche zum Essen eine Beilage serviert, die süß, sauer, scharf, würzig oder alles zusammen sein kann.

Das Wort Chutney ist dem Hindu entlehnt: »chatni« bezeichnet im Mörser zerdrückte Würzzutaten, die zu einer Paste verarbeitet wurden. Anfangs wurde es immer frisch zubereitet, benötigte also kein Säuerungsmittel wie Essig oder Zitronensaft. Als die Briten noch Weltmacht waren, entdeckten sie in Indien ihren Geschmack für Würzig-Scharfes und importierten solche Chutneys ins Mutterland. In Indien selbst sind Chutneys meist dünnflüssig, bei uns in Europa kennt man sie eher als zähflüssig, wes-halb es häufig zu Verwechslungen mit Relish kommt. Ein Relish ist stückiger als ein Chutney, aber in der Regel ebenfalls würzig-pikant.

Sterilisieren

Sauberkeit ist beim Einmachen oberstes Gebot, sonst sorgen Bakterien dafür, dass das Eingemachte nicht lange hält. Und das wäre schade. Die Gläser und Behältnisse, die Sie für das Eingemachte verwenden, sollten peinlich sauber sein und frisch aus der Geschirrspülmaschine kommen. Sie können sie sicherheitshalber auch sterilisieren, im Backofen, auf Zeitungspapier und bei 120 °C. Alternativ lassen sich Gläser auch im Wasserbad (in einem Topf, Glasöffnung nach oben) sterilisieren. Oder – als dritte Variante – Sie geben die heiß ausgespülten Gläser bei 120 °C in den Backofen und lassen Sie dann so lange im Ofen, bis sie getrocknet sind.

Die Verschlüsse sollten Sie separat sterilisieren: Dazu diese heiß übergießen, einige Minuten im heißen Wasser belassen, dann aus dem heißen Wasser heben (dabei ist z. B. eine Spaghettizange hilfreich), mit der geschlossenen Seite nach oben auf ein frisches Küchenhandtuch legen und trocknen lassen.

Gemüse-Relish

Für 3 Gläser à 500 ml: 250 g Tomaten | 250 g Zucchini | 4 Paprikaschoten (2 rote, 2 grüne) | 5 mittelgroße Zwiebeln | 3 Knoblauchzehen | 6 EL Olivenöl | 250 g Rohrzucker | 125 ml Kräuteressig | 1 EL Salz | 1 TL Currypulver | 1 EL Paprikapulver | 1 TL schwarzer Pfeffer aus der Mühle | Tomatenmark nach Bedarf

1 Die Tomaten waschen, 3–5 Min. in kochend heißes Wasser legen, enthäuten und in Stücke schneiden.

2 Die Zucchini und die Paprikaschoten waschen und trocken tupfen. Die Zucchini vierteln und in Stücke schneiden. Die Paprika ebenfalls vierteln, weiße Rippen sowie Kerne entfernen und in Streifen schneiden. Die Zwiebeln schälen und in Ringe schneiden. Die Knoblauchzehen abziehen und pressen.

3 Das Olivenöl in einem Topf erhitzen und das vorbereitete Gemüse darin bissfest garen.

4 Den Rohrzucker im Kräuteressig auflösen und mit Salz, Currypulver, Paprikapulver und Pfeffer abschmecken.

5 Den Essigsud über das gedünstete Gemüse geben und 3–4 Min. bei mäßiger Hitze unter mehrmaligem Umrühren weich kochen. Mit dem Pürierstab pürieren.

6 Mit Tomatenmark und den anderen Gewürzen abschmecken. Ein weiteres Mal aufkochen und noch heiß in die vorbereiteten Twist-off-Gläser füllen. Gut verschließen und kühl lagern.

Ein Relish soll würzig sein. Hier schmeckt es sowohl säuerlich, etwas scharf als auch leicht süß. Eine ideale Aromenkombination zu Käsesorten aller Art. Und eine clevere Art, Männer an Gemüse heranzuführen ...

Er ist ein echter Norddeutscher und bevorzugt milde Sommer und viel Regen. Als die Verbraucher nach kleineren Äpfeln fragten, wurde ihm seine stattliche Größe beinahe zum Verhängnis. Nun klappern die Anhänger des »Schlotterapfels« lautstark für die Rückkehr ihres altehrwürdigen Prinzen.

Finkenwerder Herbstprinz

Der prächtige, große Apfel aus dem Alten Land wird manchmal auch als »Hasenkopf« angeboten.

Auf der Elbinsel Finkenwerder bei Hamburg taucht der gewichtige Herbstprinz um 1860 erstmals auf. Den Spitznamen »Schlotterapfel« verdankt er dem klappernden Geräusch der aneinanderschlagenden Kerne in ihren Gehäusen – zumindest bei den großen und voll ausgereiften Exemplaren. Er gilt als Zufallssämling aus der Ahnenreihe des echten »Prinzenapfels«. Seine Früchte sind groß, saftig und gelb mit roten Streifen.

»Die Optik der alten Sorten ist schon eine ganz andere als heute, wo alles so glatt und geleckt ist. Und die Äpfel galten auch damals nicht als mürbe, sondern als angenehm weich. Schließlich hatten die Leute nicht so gute Zähne und wollten nicht in die harten, unreifen Dinger beißen, die man heute als knackig bezeichnen würde«, erläutert der Pomologe Eckart Brandt.

Die große Zeit der deutschen Pomologen war das 19. Jahrhundert. Der 1860 gegründete »Deutsche Pomologenverein« (Pomona ist die römische Göttin der Baumfrüchte) widmet sich der Bestimmung, Beschreibung und Erhaltung aller Obstsorten. Allerdings nicht hier im Alten Land. Die hiesigen Obstzüchter wurden immer schon von den feinen Herren des Pomologenvereins belächelt. Man fand einfach keinen Zugang zueinander. Auf der einen Seite standen die gelehrten Herrn Theoretiker, von denen viele Lehrer, Pfarrer und Doktoren waren, auf der anderen Seite die Praktiker. Daher wurden die Sorten in dieser Gegend nie erfasst.

Apfelanbau mit Tradition

»Doch so wie es ist, kann es nicht bleiben«, betont Eckart Brandt. Er kämpft für seine Heimat, deren Raritäten und das damit verbundene genetische Potenzial. Denn »eine Region, die mehr als 600 Jahre Obstbaupraxis aufweist, sollte mit ihrem gesamten historischen Sortiment wahr- und ernst genommen werden«.

Im Alten Land werden jährlich 950 000 Tonnen Äpfel geerntet. Das ist fast jeder dritte Apfel, der in deutschen Landen heranreift. Ungefähr 63 Prozent der Ernte fallen auf die neueren Sorten wie zum Beispiel 'Elstar' und 'Jonagold'. Die »alten Sorten« hingegen machen maximal ein Prozent aus.

Bis 1960 war der Finkenwerder Herbstprinz rund um Hamburg begehrt. Schließlich bewahrt der Winterapfel bei sorgsamer Lagerung sein Aroma bis ins nächste Frühjahr. 1967 wurden nach Recherche von Brandt 24 290 Tonnen Finkenwerder Herbstprinz verkauft. 1987 taucht er letztmalig in einer offiziellen Erntestatistik mit 3 500 Tonnen auf.

Die Rettung des Apfelriesen

Als die Nachfrage nach kleineren Apfelsorten stieg, wurde dem stattlichen Herbstprinzen sein bisheriger Größenvorteil zum Verhängnis. Auf den pflegeleichteren Spindelbäumen, die den Obstbauern empfohlen wurden, konnten die stattlichen Früchte nicht reifen und in den Supermärkten ist es dem dünnhäutigen Prinzen

zu warm. Daher hat die Europäische Union ihn für den Verkauf im Discount gar nicht mehr zugelassen. Die einzigen Vertreter alter Sorten, die dort noch zu kaufen sind, sind 'Boskop' und 'Cox Orange'.

»Rettet den Herbstprinzen!«, schallte es im Oktober 2000 durch die Innenstadt Hamburgs. Die Kampagne des Förderkreises Finkenwerder Herbstprinz, des Freilichtmuseums Kiekeberg, Slow Food und des Hamburger Abendblattes zeigte Wirkung: Eckart Brandt und andere Apfelbegeisterte verkauften in einer Stunde mehr als 500 Apfelbäume.

»Auf meinen Marktständen – die aber ja nun sehr untypisch sind – ist Finkenwerder Herbstprinz die Saison hindurch die meistverkaufte Sorte«, bekundet Brandt. Doch er bleibt skeptisch. »Man soll sich da nix vormachen. Man kann zwar mal einen großen Coup in einer guten Sache landen, aber den Lauf der Dinge hält man damit nur in sehr, sehr begrenztem Umfang auf.«

Apfel-Eierlikör-Kuchen

Für den Rührteig: **175 g weiche Butter plus etwas zum Einfetten der Kuchenform | 175 g Zucker | 1 Prise Salz | 3 Eier | 200 g Mehl | 1½ TL Backpulver | 70 g gemahlene Haselnüsse | 100 ml Eierlikör**
Für den Belag: **500 g Äpfel | 4 EL Weißwein | 4 EL Zitronensaft | 1 Päckchen Vanillepuddingpulver | 500 ml Milch | 50 g Zucker | 400 g steif geschlagene Sahne zum Garnieren**

1 Den Backofen auf 180 °C (Umluft 160 °C) vorheizen. Mit einem elektrischen Rührgerät Butter, Zucker und Salz rühren, bis sich eine schaumige Masse ergibt. Die Eier einzeln sorgfältig einarbeiten. Mehl, Backpulver und Nüsse mischen und mit dem Eierlikör mithilfe eines Schneebesens unter die Masse heben.

2 Den Teig in eine eingefettete Springform füllen und im vorgeheizten Backofen etwa 35 Min. backen. Anschließend aus der Form lösen und auskühlen lassen.

3 In der Zwischenzeit die Äpfel schälen, entkernen und in dünne Spalten schneiden. Mit Weißwein und Zitronensaft in einen Topf geben und 3–4 Min. dünsten. Die Äpfel in ein Sieb geben und abtropfen lassen.

4 Aus Puddingpulver, Milch und Zucker einen Pudding herstellen und kurz kalt rühren. Die Apfelspalten unterziehen und vollständig erkalten lassen. Den Teigboden in die Form setzen, den Pudding darauf verstreichen und fest werden lassen. Vor dem Servieren die Schlagsahne darauf verstreichen oder in die Sterntülle füllen und den Kuchen verzieren.

Mini-Zwetschgenkuchen

100 g kalte Butter | 80 g Puderzucker | 2 Eier | 40 g Kristallzucker | 1 Prise Zimt | 100 g Mehl | 12 Zwetschgen | Butter zum Einfetten | brauner Zucker zum Bestreuen | 6 Mini-Weckgläser oder andere kleine Förmchen

1 Butter in kleine Würfel schneiden, mit dem Puderzucker circa 20 Min. schaumig schlagen. In der Zwischenzeit die Eier trennen und das Eiweiß mit dem Kristallzucker steif schlagen.

2 Die Eigelbe nach und nach zur Butter-Zucker-Masse geben, weiter schlagen und den Zimt zugeben. Vorsichtig nach und nach das Mehl dazugeben und zum Schluss das steif geschlagene Eiweiß unterheben.

3 Den Backofen auf 165 °C vorheizen. Die Zwetschgen halbieren und entsteinen.

4 Die Weckgläser bzw. Förmchen mit Butter einfetten und etwas braunem Zucker bestreuen. Den Rührteig hineinfüllen und die Zwetschgen in den Teig stecken. Die Zwetschgenkuchen auf mittlerer Schiene ca. 20 Min. backen.

Indian Summer

Mit einem Laub-Mobile holen Sie sich den Herbst ins Haus. An einem Stickrahmen schwebt getrocknetes und gepresstes Herbstlaub. Wachs macht die Blätter haltbar und lässt die Farben weiter leuchten.

1 Wachsreste in einen Topf füllen und zum Schmelzen bringen. Topf von der Kochstelle nehmen und Wachs etwas abkühlen lassen.

2 An einem Blatt testen, ob die Konsistenz stimmt. Die trockenen Blätter einzeln in das Wachs tauchen, abtropfen lassen und auf Haushaltspapier härten lassen.

3 Deckenhaken an die Decke kleben. Den Stickrahmen mit vier Wollfäden am Haken aufhängen. Nylonschnur an die Blätter binden und am Stickrahmen befestigen.

Das brauchen Sie

Material

✗ Wachsreste oder weiße Wachsblättchen
✗ Topf
✗ gepresste Blätter
✗ Haushaltspapier
✗ Deckenhaken
✗ Stickrahmen
✗ Wolle
✗ Nylonschnur

>> Tipp

Nehmen Sie statt eines alten Topfs eine leere, saubere Konservendose zum Wachsschmelzen. Die Dose können Sie nach Gebrauch problemlos entsorgen und Sie müssen keinen Topf sauber machen. Dieser Tipp ist für den Gasherd nicht geeignet.

Oktober

1 sa ● ● ♎   Remigius, Theresia v. L., Werner, Andrea, Emanuel

2 so ☽ ● ♎   Erntedankfest   Schutzengelfest, Gideon, Bianca, Jacqueline

3 mo ☽ ● ♏   Tag der deutschen Einheit   Ewald, Udo, Bianca, Paulina

4 di ☽ ● ♏   Franz v. A., Edwin, Aurora, Emma, Thea

5 mi ☽ ● ♏   Herwig, Meinolf, Gallina

Symbole: ● Blüte/Luft   ● Blatt/Wasser   ● Frucht/Feuer   ● Wurzel/Erde

HERBST

6 do ☽ ● ♐   Bruno, Adalbero, Melanie, Brunhild, Gerald

7 fr ☽ ● ♐   Rosa Maria, Justina, Jörg, Denise, Marc

8 sa ☽ ●   Günther, Laura, Hannah, Gerda

9 so ☽ ●   Sibylle, Sara, Dionys, Elfriede

10 mo ☽ ●   Viktor, Samuel, Gereon, Valerie

11 di ☽ ●   Alexander, Manuela, Georg

12 mi ☽ ●   Maximilian, Horst, Pilár, David

Mond: ☽ zunehmend ○ Vollmond ☾ abnehmend ● Neumond

Oktober

13 do ☽ ●≈
Koloman, Edward, André

14 fr ☽ ●≈
Burkhard, Calixtus, Alan, Otilie

15 sa ☽ ●🐃
Theresia v. A., Aurelia, Franziska

16 so ○ ●🐃
Hedwig, Gallus, Gordon, Carlo

17 mo ☾ ●🐃
Rudolf, Marie-Louise, Adelheid

18 di ☾ ●🐃
Lukas, Gwenn, Justus, Viviana

19 mi ☾ ●👫
Frieda, Frida, Isaak, Paul v. K.

Symbole: ● Blüte/Luft ● Blatt/Wasser ● Frucht/Feuer ● Wurzel/Erde

HERBST

20 do ☾ ● 🧑‍🤝‍🧑 .... Wendelin, Ira, Irina, Jessica

21 fr ☾ ● 🦂 .... Ursula, Ulla, Celina, Holger

22 sa ☾ ● 🦂 .... Cordula, Salome, Ingbert

23 so ☾ ● 🐎 .... Johannes C., Severin, Uta

24 mo ☾ ● 🐎 .... Anton, Armella, Alois, Aloisia, Victoria

25 di ☾ ● 🐎 .... Ludwig, Lutz, Darja, Hans

26 mi ☾ ● 🏃 .... Amand., Albin, Wieland, Anastacia, Josephine

Mond: ☽ zunehmend ○ Vollmond ☾ abnehmend ● Neumond

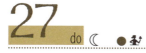

27 do ☾ ● 👶   Sabina, Wolfhard, Christa, Stefan

28 fr ☾ ● ♎   Simon u. J. Thaddäus, Freddy

29 sa ☾ ● ♎   Ermelinda, Melinda, Franco, Grete

30 so ● ● ♎   Dieter, Alfons, Angelo, Sabine

31 mo ☽ ● ♏ Reformationstag   Wolfgang, Quentin, Melanie

Symbole: ● Blüte/Luft ● Blatt/Wasser ● Frucht/Feuer ● Wurzel/Erde
Mond: ☽ zunehmend ○ Vollmond ☾ abnehmend ● Neumond

Pflanze des Monats

Im Frühherbst, wenn sich die Blüte der Besenheide (*Calluna vulgaris*) wie ein rosa Schleier über die Lünebürger Heide legt, zieht es Scharen von Touristen und Naturliebhabern in die Region. Auch im Garten oder auf dem Balkon, im Topf oder in Gestecken macht sie eine gute Figur. Die farbliche Bandbreite reicht von Weiß über Rosa bis hin zu Rotviolett. Der immergrüne Zwergstrauch wächst relativ langsam, hält starken Regengüssen unerschrocken stand und ist ausgesprochen winterhart. Nur Kalk mag die Besenheide nicht leiden!

Walnussbrot im Blumentopf

für 2 kleine Brote: 250 g Vollkornmehl |
250 g backstarkes Weizenmehl (Type 550) |
2 EL Salz | 1 Pck. Trockenhefe | 1 EL Honig |
50 ml Walnussöl | 100 g Walnusskerne, grob
gehackt | 1 EL Reismehl
Material zum Verpacken: 2 kleine, neue
Blumentöpfe (ca. 250 ml) | Pergamentpapier
in Weiß | karierte Bänder | Holzmesser

1 Die Mehle mit dem Salz in einer großen
Schüssel vermengen. Die Hefe und den Honig
in 250 ml lauwarmem Wasser lösen; wenn sich
an der Oberfläche Schaum zu bilden beginnt,
ist die Hefe aktiviert.

2 Die Hefe mit einer Gabel unter das Mehl
ziehen, dann das Walnussöl angießen. Mit einer
Gabel durchrühren, dann mit den Händen zu
einem Ball formen und kneten, bis der Teig
elastisch wird. Teig in die Schüssel geben, mit
Küchenfolie abdecken und an einem warmen,
nicht zugigen Ort 1 Stunde auf das Doppelte
gehen lassen.

3 Den Ofen auf 180 °C vorheizen. Den Teig ein
weiteres Mal kneten und nun die Walnusskerne
einarbeiten. Zwei Blumentöpfe mit Backpapier
auskleiden. Den Teig in die Blumentöpfe geben
und oben ein Kreuz einschneiden. Das Reismehl
mit 1 EL Wasser verquirlen und den Teig damit
bestreichen; so gibt es eine schöne Kruste.

4 Die Brote etwa 40 Min. backen, dann den
Gartest machen: Nehmen Sie den Laib aus dem
Blumentopf und klopfen Sie auf die Unterseite.
Klingt es hohl, ist das Brot durchgebacken.

>> Tipp

Töpfe mit Backpapier aus
kleiden, sonst klebt der Teig
fest. Nach dem Abkühlen
das Backpapier durch weißes
Pergamentpapier ersetzen.
Die Brote wieder in die
Töpfe geben und mit Karo-
bändern dekorieren.

Kräuter für Lieblingstees

Aus vielen Kräuter lassen sich Tees zubereiten, die lecker schmecken. Wer auch noch von der heilenden Wirkung der Kräuter profitieren will, muss die Inhaltsstoffe der Pflanzen kennen, die eigenen Bedürfnisse berücksichtigen und wissen, wozu der Tee dienen soll. Experimentieren Sie ruhig mit den Mischungen – so finden Sie zu Ihrem ganz persönlichen und bekömmlichen Lieblingstee.

Pflanzentees gehören zu den am häufigsten verwendeten Hausmitteln. Durch die Teezubereitung lösen sich die heilsamen Inhaltsstoffe frischer oder getrockneter Pflanzenteile im Wasser und entfalten dann ihre Wirkung. Diese Tees können Sie nicht nur innerlich, sondern auch äußerlich anwenden: als Getränk oder beim Gurgeln, Inhalieren, als Badezusatz, Waschung, Auflage, feuchter Verband und Wundumschlag. Tee aus frisch geernteten Pflanzenteilen hat einen intensiveren Geschmack und Duft und auch eine intensivere Wirkung als Tee aus getrockneten Pflanzenteilen. Die meist helle Farbe des Frischpflanzentees lässt dies nicht unbedingt erwarten. Für eine Tasse Tee werden zwei bis drei Gramm frische Pflanzenteile benötigt.

Frische Pflanzen sind jedoch nicht immer zur Hand, daher ist ein Vorrat an getrockneten Kräutern wichtig. Da beim Trocknen immer Aroma- und Wirkstoffe verloren gehen, ist es wichtig, qualitativ hochwertige Teekräuter in Bio-Qualität zu kaufen. Selbst sammeln und trocknen ist zwar am besten, aber nicht immer möglich. Teebeutel sind nicht empfehlenswert, weil die Pflanzenteile zu stark zerkleinert und oft pulverisiert sind, dies hat einen hohen Qualitätsverlust zur Folge. Sie sind nur dann als Heiltee verwendbar, wenn sie einzeln und aromadicht verpackt sind.

Die Zubereitung

Ein Heilpflanzentee kann aus Einzeldrogen, also aus getrockneten Teilen einer einzelnen Pflanze, bestehen oder aus einer Teemischung, je nach Bedarf und Geschmack. Teemischungen sind beliebt, weil man verschiedene Pflanzen und Pflanzenteile verwenden kann, die sich in ihrer Wirkung ergänzen oder unterstützen. Mögliche Nebenwirkungen lassen sich dadurch ebenfalls reduzieren. Außerdem besteht in Mischungen der Vorteil, dass auf den Geschmack und die optische Erscheinung Einfluss genommen werden kann. Allgemein übergießt man einen Teelöffel getrocknete oder einen Esslöffel frische Pflanzenteile mit einer Tasse (150 ml) heißem Wasser. Diese Mischung sollte man – damit sich die ätherischen Öle nicht verflüchtigen – drei bis zehn Minuten ziehen lassen, dann abfiltern.

① Pfefferminze

Ein Pfefferminztee schmeckt nicht nur gut und erfrischend, er bringt auch die gesamte Verdauung in Schwung und hilft schnell und zuverlässig bei Übelkeit und Brechreiz.

② Zitronenmelisse

Es genügen wenige Blättchen Zitronenmelisse, um den typischen Geschmack zu erreichen. Täglich eine Tasse Melissentee zu trinken hilft, wenn man viel Stress hat und in Unruhe ist.

③ Apfelminze

Die Blätter der Apfelminze eignen sich wegen des niedrigen Mentholgehaltes auch für Kinder-Teemischungen. Apfelminze wirkt z. B. schleim-lösend, nervenstärkend und keimtötend.

④ Salbei

Salbeitee ist das klassische Heilmittel bei Erkran-kungen des Mund-Rachen-Raumes und wird zum Gurgeln bei Halsschmerzen, Heiserkeit und Zahnfleischentzündungen verwendet.

Als »Protestschwein« ist es über die Grenzen seiner Schleswig-Holsteinischen Heimat bekannt. Dabei hat das Rotbunte Husumer Schwein bislang nie seine Stimme zum Protest erhoben – obwohl es ohne eigenes Verschulden in seiner Existenz bedroht ist.

Rotbuntes Husumer Schwein

Ganz offiziell handelt es sich um ein »Deutsches Sattelschwein – Abteilung Rotbuntes Husumer Schwein« und zählt damit wie Schwäbisch-Hällische Landschweine und Angler Sattel-schweine zu eben diesen – den deutschen Sattelschweinen. Ihr gemeinsames Kennzeichen ist der helle Sattel, der sich über den vorderen Rücken bis hinunter auf die Vorderbeine zieht. Je nach Rasse ist dieser schmaler oder breiter.

Die Rotbunten sind aber die einzigen, bei de-nen die Ohren nicht immer die Augen verde-cken. Manche haben Stehohren. Wahrscheinlich sind eine Kreuzung Holsteiner und Jütländer Marschschweine mit den rotfarbigen engli-schen Tamworth-Schweinen einerseits und die gezielte Auswahl Angler Sattelschweine mit röt-licher statt schwarzer Färbung andererseits für die ausdrucksstarke Farbgebung der Rotbunten Husumer Schweine verantwortlich.

Sicher ist, dass gerade in und um Husum diese Farbkombination viele Bewunderer fand und dazu führte, dass die Rotbunten zu Beginn des 20. Jahrhunderts bewusst züchterisch selektiert worden sind.

Bekannter ist das Rotbunte Husumer Schwein aber als »Protestschwein«. In dem Deutsch-Dänischen Krieg, in dem es zwischen Öster-reich und Preußen auf der einen Seite sowie Dänemark auf der anderen Seite um die Vor-herrschaft in Schleswig, Holstein und Lauenburg ging, unterlagen die Dänen 1864. Den in Schles-wig beheimateten Dänen und Sympathisanten wurde das Hissen der dänischen Flagge, des Dannebrog – übersetzt des »dänischen Tuchs« – untersagt. Aus Protest gegen die preußische Herrschaft zeigten die Bauern ihre Sympathie mit Dänemark durch ihre rot-weißen Schweine, die die Landesfarben der früheren Herrscher zur Schau stellten.

»Das Rotbunte Husumer Schwein ist noch uriger als das Angler Sattelschwein«, findet Christine Müller von Blumencron, die diese Rasse fördert und hält, weil sie so typisch für ihre Heimat Schleswig-Holstein ist.

Während des Nationalsozialismus, als es zu einer Begrenzung auf einige wenige »aus-erwählte Rassen« in allen Nutztierbereichen kam, hatten die bunten Schweinerassen in ganz Deutschland wenig Freunde. Und gerade auch der Ruf des Rotbunten Husumer Schweins als Protestschwein erleichterte die Situation für diese regionale Rasse nicht.

Späte Anerkennung

Erst 1954 wurden die Rotbunten Husumer Schweine als eigenständige Rasse mit eigenem Zuchtbuch anerkannt. Kurz darauf änderten sich die Anforderungen an Schweine in der Landwirtschaft grundlegend. Mager, schnell und in großen Mengen sollte Schweinefleisch nun erzeugt werden. Die langsam wachsenden Rotbunten hatten mit ihrer geschmacksprägenden Fettschicht und der grundlegenden Abneigung gegen Ställe keine Chance in der modernen Landwirtschaft.

1968 sah man das letzte Mal für lange Zeit eine Rotbunte Husumer Sau mit ihren Ferkeln auf einer Kreistierschau.

Menschen wie Christine Müller von Blumencron, die mit Stolz auf die landestypischen Rassen blicken, haben die Rotbunten Husumer Schweine ins 21. Jahrhundert gerettet. »In Zeiten der Globalisierung sind die Bauern plötzlich von den Börsen abhängig. Wenn der Preis für Soja in die Höhe geht, haben sie kein Gegenmittel. Aber wir. Denn die alten Rassen sind genügsam und robust. Sie benötigen keine hochpreisigen Futtermittel oder Medikamente«, legt die Vorsitzende des 1996 gegründeten Fördervereins Rotbuntes Husumer Schwein dar. Ihre Schweine leben in ganzjähriger Weidehaltung mit Schutz- und Rückzugsmöglichkeit.

Der Großteil der Rotbunten Husumer Schweine findet sich heute wieder im Ursprungsgebiet der Rasse. Wie ihr weiterer Weg aussieht, ist ungewiss.

Rote Zwiebelsuppe
mit Cherrytomaten und Hackbällchen

>> Tipp

Schmeckt am besten mit frisch
geröstetem Weißbrot, auf das Sie
gerne auch ein wenig Knoblauch
streichen dürfen.

300 g rote Zwiebeln | 1 Chilischote |
2 EL Olivenöl | 1 l Rinderbrühe | einige
Zweige Thymian | 400 g mageres Rinderhack |
Salz | ½ TL Pfeffer | ½ TL Kreuzkümmel |
400 g Cherrytomaten

1 Die Zwiebeln schälen und in Ringe schneiden, den Chili von den Kernen befreien (mit
Handschuhen) und fein hacken. Das Olivenöl
in einem Topf erwärmen und beides darin
anbraten, die Zwiebeln sollen dabei leicht bräu-
nen. Mit der Rinderbrühe ablöschen und den
Thymian dazugeben.

2 Das Hack mit 1 TL Salz und den Gewürzen
verkneten und zu walnussgroßen Bällchen
formen. In der leise kochenden Brühe 5 Min.
durchgaren.

3 Die Cherrytomaten waschen und mit einer
Nadel einstechen. Die Hitze zurücknehmen und
die Cherrytomaten zur Suppe geben, 2–3 Min.
simmern lassen. Die Suppe mit Salz und Pfeffer
nach Belieben abschmecken.

Rote Zwiebeln enthalten zusätzlich zu den
ohnehin gesundheitsfördernden Schwefelver-
bindungen noch Anthocyan, einen Farbstoff,
der als gefäßstärkend und krebsvorbeugend
gilt. Zwiebelfreunde können also so richtig was
für ihre Gesundheit tun.

Möhren-Orangen-Suppe mit Kokosmilch

>> Tipp

Verwenden Sie auf jeden Fall frisch gepressten Orangensaft, bei diesem Gericht macht es einen deutlichen Unterschied!

2 mittelgroße Zwiebeln | 1 EL Rapsöl |
800 g Möhren | 1 Stück Ingwer (ca. 2 cm) |
Salz | 4 Orangen | 400 ml Kokosmilch |
1–2 rote Chilischoten | 1 schwache Prise Zimt

1 Die Zwiebeln schälen und fein hacken. Das Öl im Topf erhitzen, darin die Zwiebeln bei mittlerer Hitze glasig werden lassen. 1 l Wasser aufgießen und zum Kochen bringen. Die Möhren schälen und in dünne Scheiben schneiden, den Ingwer schälen und fein würfeln, beides in den Topf geben. 1 TL Salz hinzufügen und das Gemüse etwa 20 Min. kochen lassen, bis die Möhren ganz weich sind.

2 In der Zwischenzeit die Orangen auspressen. Den Saft zusammen mit der Kokosmilch in den Topf gießen und alles sehr fein pürieren. Chili mit Handschuhen entkernen, in dünne halbe Ringe schneiden und zur Suppe geben.

3 Die Suppe noch einmal aufkochen lassen und dann weitere 3 Min. ohne Hitze durchziehen lassen. Mit Zimt und nach Belieben noch etwas Salz abschmecken.

November

1 di 🌙 ● 🦂 Allerheiligen — Harald

2 mi 🌙 ● 🏇 Allerseelen — Angela

3 do 🌙 ● 🏇 — Hubert, Pirmin, Martin P., Silvia

4 fr 🌙 ● 🏇 — Karl, Karla, Modesta, Charles

5 sa 🌙 ● 🐐 — Emmerich, Zacharias, Hardy

Symbole: ● Blüte/Luft ● Blatt/Wasser ● Frucht/Feuer ● Wurzel/Erde

HERBST

6 so ☽ ● ♈ — Leonhard, Christine, Nina

7 mo ☽ ● ♒ — Engelbert, Carina, Willibr., Tina

8 di ☽ ● ♒ — Gottfried, Willehad, Karina

9 mi ☽ ● ♓ — Theodor, Herfried, Roland, Gregor

10 do ☽ ● ♓ — Leo, Andrea, Andreas, Jens, Ted

11 fr ☽ ● ♓ — Martin, Senta, Mennas, Leonie

12 sa ☽ ● ♌ — Christian, Kunibert

Mond: ☽ zunehmend ○ Vollmond ☾ abnehmend ● Neumond

November

13
so ☽ ● 🦂   Eugen, Stanislaus, Livia, René

14
mo ○ ● 🦂   Sidonia, Nikolaus T., Karl

15
di ☾ ● 🦂   Leopold, Leopoldine, Albert, Nikolaus

16
mi ☾ ● 👫   Buß- und Bettag   Margarita, Otmar, Arthur

17
do ☾ ● 👫   Gertrud, Hilda, Florin, Walter

18
fr ☾ ● 🦐   Odo, Alda, Roman, Bettina

19
sa ☾ ● 🦐   Elisabeth, Bettina, Lisa, Roman

Symbole: ● Blüte/Luft   ● Blatt/Wasser   ● Frucht/Feuer   ● Wurzel/Erde

HERBST

20 so ☾ ● ♌   Edmund, Corbinian, Felix, Elisabeth

21 mo ☾ ● ♌   Amalie, Amelia, Rufus, Edmund

22 di ☾ ● ♐   Cäcilia, Silja, Salvator, Rufus

23 mi ☾ ● ♐   Clemens, Detlef, Columb., Salvator

24 do ☾ ● ♎   Flora, Albert, Chrysogon, Clemens

25 fr ☾ ● ♎   Katharina, Kathrin, Katja, Jasmin

26 sa ☾ ● ♎   Konrad, Kurt, Anneliese

Mond: ☽ zunehmend ○ Vollmond ☾ abnehmend ● Neumond

27
so ☾ ● 🦂

Uta, Brunhilde, Albrecht, Ida

28
mo ☾ ● 🦂

Berta, Jakob, Albrecht

29
di ● ● 🏹

Friedrich, Friederike, Berta

30
mi ☽ ● 🏹

Andreas, Andrea, Volkert, Kerstin

Symbole: ● Blüte/Luft ● Blatt/Wasser ● Frucht/Feuer ● Wurzel/Erde
Mond: ☽ zunehmend ○ Vollmond ☾ abnehmend ● Neumond

Pflanze des Monats

*Wenn der Zapfen sich schließt,
der Himmel bald die Blumen gießt.*
(Bauernregel)

Kiefer

Die **Kiefer** wächst vom Polarkreis bis in die Türkei und weit bis nach Ostasien hinein. Der genügsame Baum gedeiht auf Sandböden, Schutthängen und in Mooren – überall dort, wo es allen anderen Baumarten viel zu karg ist. Im Brauchtum spielt das Kiefernholz eine große Rolle, etwa als Schutz gegen böse Geister und böse Hexen. Im Altertum stand der Zapfen der Kiefer wegen seines Samenreichtums für Fruchtbarkeit und Reichtum, in Japan ist es üblich, Kiefernzweige zu Neujahr an der Wohnungstür aufzustellen. Als Weihnachtsbaum werden Kiefern vor allem in Norddeutschland gern anstelle der Fichten genommen. Dann erfüllen sie mit ihrem harzig herben Duft das ganze Zimmer.

Nussschnitten

200 g Sahne | 150 g Zucker | 30 g Kürbiskerne |
50 g Sonnenblumenkerne | 20 g Sesam |
50 g Walnüsse | 30 g Haselnüsse | 75 g Mehl |
50 g gepuffter Amaranth | 50 g getrocknete
Aprikosen, klein geschnitten | 40 g getrock-
nete Kirschen | 1 EL Kakao | 1 Msp. Vanille |
10 g kandierte Kirschen zum Verzieren

1 Sahne und Zucker aufkochen und circa
3 Min. köcheln lassen. Kürbis- und Sonnen-
blumenkerne, Sesam und Nüsse zugeben
und unter Rühren leicht anbräunen. Topf vom
Herd nehmen und Mehl, Amaranth, Aprikosen,
Kirschen, Kakao und Vanille unterrühren.

2 Die Masse in eine mit Backpapier ausgelegte
Kastenform füllen oder mit zwei Löffeln kleine
Häufchen auf Backpapier setzen, mit den kan-
dierten Kirschen verzieren und bei 160 °C
15–20 Min. backen.

>> Tipp

Der herzhaft-nussige
Müsliriegel passt in jede
Handtasche und ist auch eine
hervorragende Ergänzung des
Pausenbrots im Schulranzen.

Grünkohl macht fit!

Der Grünkohl ist ein insbesondere in Norddeutschland beliebtes Wintergemüse aus der Familie der Kreuzblütler. In den Handel gelangt Grünkohl meist als Glaskonserve oder als Tiefkühlprodukt. Frischen Grünkohl erhält man am ehestens im frühen Winter auf dem Wochenmarkt.

Auf einen Blick
- ▶ Aussaat V–VI / Ernte X–III
- ▶ Sonniger Standort
- ▶ Mittlerer Nährstoffbedarf
- ▶ Verträgt kühles Klima
- ▶ Frisch am besten
- ▶ Einfach anzubauen

Der Grünkohl hat denselben Ursprung wie unser Kopfkohl. Krauser Kohl, der wie unser heutiger Grünkohl aussieht, wurde im 16. Jahrhundert in mehreren Kräuterbüchern abgebildet. Dank seiner Winterhärte erfreute er sich vor allem in nord- und westdeutschen Gemüsegärten großer Beliebtheit.

Anbau im Garten

Grünkohl ist wie die meisten seiner Verwandten aus der Kohlfamilie eine zweijährige Pflanze, die einjährig gezogen wird. Von allen Kohlsorten stellt er die geringsten Ansprüche an den Boden. Sein Nährstoffbedarf liegt im mittleren Bereich. Er eignet sich hervorragend als Nachfrucht, z. B. von Frühkartoffeln.

Wenn Sie den Grünkohl als zweite Kultur ziehen möchten, säen Sie ihn im Mai, spätestens Juni auf einem Vorziehbeet oder in Töpfen an und verpflanzen ihn nach vier bis sechs Wochen auf seinen endgültigen Platz. In Gebieten mit frühem Wintereinbruch sollte man ihn bis Anfang August ausgepflanzt haben, in wintermilden Gegenden reicht auch Mitte August noch aus. Man setzt die Jungpflanzen je nach Größe der Sorte mit einem Abstand von 40–50 cm in der Reihe und etwa 50 cm bis 60 cm zwischen den Reihen. Direktaussaat ist auch möglich, verziehen Sie die Jungpflanzen dann entsprechend.

Grünkohl nimmt mit seinem hohen Vitamin-C- und Kalziumgehalt eine Spitzenstellung beim Gemüse ein.

Grünkohl benötigt in seiner Jugendentwicklung reichliche Wassergaben, durch regelmäßiges Hacken kann die Verdunstung auf dem Beet niedrig gehalten werden. Im September noch einmal düngen. Der Grünkohl mag es, wenn Sie ihn mit Rasenschnitt mulchen.

Grünkohl kann gut in Mischkultur mit Salat gezogen werden, da dieser das Beet bereits räumt, wenn der Kohl den gesamten Platz einnimmt. Salat verträgt es auch, teilweise vom Kohl beschattet zu werden.

Ernten und Lagern

Grünkohl kann ab Oktober geerntet werden. Schneiden oder brechen Sie die äußeren Blätter von mehreren Pflanzen, damit genug Substanz stehen bleibt. Die Pflanzen wachsen weiter, solange es nicht zu kalt wird. Grünkohl ist frosthart und kann den ganzen Winter über beerntet werden. Durch die Kälte gewinnt das Gemüse sogar noch an Aroma. Wenn Sie im Spätwinter auch bei stark beernteten Pflanzen das Herz und ein paar Blätter stehen lassen, treiben die Pflanzen wieder aus, sobald es im Frühjahr wärmer wird. Die zarten jungen Blätter sind willkommen in einer Zeit, in der es kaum Frischgemüse gibt.

Grünkohl ist im Kühlschrank oder bei winterlichen Temperaturen einige Tage lang haltbar. Frisch geerntet enthält er jedoch die meisten Vitamine. Da er auch frosthart ist, sollte man ihn möglichst bis zum Verzehr auf dem Beet stehen lassen. Sie können Grünkohl übrigens auch einfrieren, sollten ihn dazu aber blanchieren, da er sonst zu voluminös ist.

Grünkohl in der Küche

Traditionell wird Grünkohl mit Schmalz und Zwiebeln geschmort, dazu reicht man Räucherwurst, Kasseler oder Bauchfleisch. Es sind jedoch auch leichtere und vegetarische Zubereitungsweisen möglich.

Probieren Sie den Grünkohl einmal fein geschnitten und mit ein paar Zwiebelstückchen in Olivenöl circa 20 Minuten gedünstet, geben Sie ein paar Apfelstückchen hinzu und garen Sie alles zusammen noch einmal 10 Minuten. Mit gerösteten Sonnenblumenkernen (nach Geschmack auch mit Walnüssen) bestreut servieren. Das schmeckt zu Nudeln oder Spätzle, aber auch zu Fleisch. Sie können vorgegarten Grünkohl auch mit Eiern, Reibekäse und Schinkenwürfeln vermengt auf einem Pizzateig verteilen und eine knappe halbe Stunde backen.

Linsen-Grünkohl-Suppe mit Polentabällchen

600 g rote Zwiebeln | 4 EL Rapsöl | 1,5 l Gemüsebrühe | 150 g Berglinsen | 2–3 Handvoll junge Grünkohlblätter | 1 Handvoll gehackter Schnittsellerie | ½ TL Salz | 1 Stich Butter | 150 g Blitzpolenta | 1 ausgepresste Knoblauchzehe | 1 TL Madras-Curry | 1 TL Zucker | 1 EL Weinessig

1 Zwiebeln schälen, in halbe Ringe schneiden. Das Rapsöl erhitzen, Zwiebeln darin anbräunen, mit Gemüsebrühe ablöschen. Die Linsen waschen, dazugeben und in der Brühe aufkochen. Grünkohl putzen, in Streifen schneiden, zusammen mit dem Schnittsellerie in den Topf geben.

2 Während die Suppe etwa 20 Min. köchelt, die Polenta für die Polentabällchen kochen: Dazu Salz und Butter in 300 ml kochendes Wasser geben, die Blitzpolenta unter Rühren hineinstreuen. 2–3 Min. auf kleiner Flamme weiterrühren, die Polenta wird dabei schon recht fest. Topf vom Herd nehmen, Masse ausquellen lassen.

3 Knoblauch zur Suppe geben. Die Suppe mit Curry, Zucker und Weinessig abschmecken. Wenn die Linsen ausreichend weich, aber noch bissfest sind, ist die Suppe fertig.

4 Aus der Polenta mit nassen Händen etwa 12 walnussgroße Bällchen formen, auf Suppenteller verteilen und in der Suppe servieren.

Linsen und Mais enthalten hochwertiges pflanzliches Eiweiß, das gerade in dieser Kombination vom Körper sehr gut erschlossen werden kann. Eine ideale Wintersuppe für Vegetarier also.

Hackfleisch-Sauerkraut-Strudel

1 mittlere Zwiebel | 2 Knoblauchzehen | ½ Bund gemischte Kräuter | 250 g Champignons | 3 EL Pflanzenöl | 250 g gemischtes Hackfleisch | edelsüßer Paprika | Rosenpaprika | Salz | schwarzer Pfeffer aus der Mühle | 1 Dose Sauerkraut (850 g) | 1 Packung tiefgekühlter Strudelteig aus dem Supermarkt | 150 g saure Sahne | 50 g Semmelbrösel

1 Zwiebel und Knoblauchzehen schälen und fein würfeln. Die Kräuter waschen, trocknen, Blättchen abzupfen und fein hacken. Die Champignons putzen und feinblättrig schneiden.

2 Das Pflanzenöl in einer Pfanne erhitzen und Zwiebel- und Knoblauchwürfel darin glasig dünsten. Champignons dazugeben, so lange dünsten, bis der Pilzsaft verdampft ist. Hackfleisch zufügen, unter Rühren krümelig braten.

3 Mit beiden Paprikasorten, Salz und Pfeffer kräftig würzen und das Sauerkraut samt Saft untermengen. Sobald die Flüssigkeit eingekocht ist, die Pfanne vom Herd nehmen und die Füllung abkühlen lassen.

4 Den Backofen auf 200 °C (Umluft 180 °C) vorheizen. Den Strudelteig halbieren und auf einer bemehlten Arbeitsfläche zu etwa 30 × 40 cm großen Rechtecken ausrollen. Über beide Handrücken hauchdünn ausziehen. Auf bemehlte Tücher legen.

5 Die saure Sahne mit Kräutern verrühren und die Teigflächen damit bestreichen. Die Semmelbrösel darüberstreuen. Die Füllung darauf verteilen und die Seiten einschlagen. Die Strudel mithilfe der Tücher aufrollen und auf das Backblech heben.

6 Die Strudel großzügig mit flüssiger Butter bestreichen und im vorgeheizten Backofen etwa 30 Min. backen. Kurz abkühlen lassen, dann in circa 2 cm dicke Scheiben schneiden.

Kürbis-Vase

Für diese Deko-Idee verwandeln Sie Hokkaidos mit etwas Farbe in bauchige Vasen. Ein Glasröhrchen sorgt für den nötigen Halt und spendet Wasser.

>> Tipp

Statt der Glasröhrchen können Sie kleine Arzneifläschchen oder die Glasröhren von Vanilleschoten recyceln.

Das brauchen Sie

Material

- ✗ Hokkaido-Kürbisse
- ✗ Acrylfarbe in Weiß, Grau, Flieder
- ✗ Universalpinsel
- ✗ Glasröhrchen (Floristikbedarf)
- ✗ Messer
- ✗ Kochlöffel
- ✗ Blumen

1 Kürbisse mit weißer Acrylfarbe grundieren und trocknen lassen. Je einen Kürbis in Grau und Flieder anstreichen, eventuell den Anstrich wiederholen und trocknen lassen.

2 In jeden Kürbis oben ein Loch im Durchmesser des Glasröhrchens schneiden. Kürbiskreis vorsichtig abnehmen. Den Kochlöffelstiel durch die Öffnung stecken und das Fruchtfleisch zusammenpressen. Glasröhrchen in den Kürbis stecken.

3 Glasröhrchen mit Wasser füllen und Blumen in die Kürbisvasen stellen.

Dezember

1 do ☽ ● 🚴🎿 .... Blanka, Natalie, Eligius

2 fr ☽ ● 🐐 .... Bibiana, Lucius, Jan

3 sa ☽ ● 🐐 .... Franz Xaver, Jason

4 so ☽ ● 🏂 .... Barbara, Johannes v. D.

5 mo ☽ ● 🏂 .... Gerald, Reinhard, Niels

Symbole: ● Blüte/Luft ● Blatt/Wasser ● Frucht/Feuer ● Wurzel/Erde

WINTER

6 di 🌙 ● 🦂 Nikolaus   Denise, Henrike

7 mi 🌙 ● 🐟   Ambros, Farah, Benedikte

8 do 🌙 ● 🐟   Mariä Empfängnis, Edith

9 fr 🌙 ● 🦂   Valerie, Liborius, Reinmar

10 sa 🌙 ● 🦂   Emma, Imma, Loretta

11 so 🌙 ● 🦂   Arthur, Damasus, Tassilo

12 mo 🌙 ● 🦂   Johanna, Hartmann

Mond: 🌙 zunehmend ○ Vollmond ☾ abnehmend ● Neumond

Dezember

13
di ☽ ● ⚹   Lucia, Ottilia, Jodok, Johanna

14
mi ○ ● ⚹   Berthold, Johannes v. K.

15
do ☾ ●   Christiane, Nina, Paola

16
fr ☾ ●   Adelheid, Heidi, Elke

17
sa ☾ ●   Lazarus, Jolanda, Viviana

18
so ☾ ●   Esperanza, Luise, Gratian

19
mo ☾ ●   Susanna, Benjamin

Symbole: ● Blüte/Luft ● Blatt/Wasser ● Frucht/Feuer ● Wurzel/Erde

WINTER

20 di ☾ ● ♐   Julius, Holger, Eike

21 mi ☾ ● ♐   Ingmar, Ingo, Hagar

22 do ☾ ● ♎   Jutta, Francesca-Saveria

23 fr ☾ ● ♎   Victoria, Johannes C.

24 sa ☾ ● ♏ Hl. Abend   Hl. Abend, Adam u. Eva

25 so ☾ ● ♏ 1. Weihnachtstag   Stephan, Stephanie

26 mo ☾ ● ♏ 2. Weihnachtstag   Ludger, Kastulus, Laura, Thekla

Mond: ☽ zunehmend ○ Vollmond ☾ abnehmend ● Neumond

Dezember

27 di ☾ ● 🚴
....
Johannes Ev., Fabiola

28 mi ☾ ● 🚴
....
Unschuldige Kinder, John

29 do ● ● 🦌
....
David, Tamara, Jessica

30 fr ☽ ● 🦌
....
Hermine, Minna, Herma

31 sa ☽ ● 🦌 Silvester
....
Melanie

Symbole: ● Blüte/Luft ● Blatt/Wasser ● Frucht/Feuer ● Wurzel/Erde
Mond: ☽ zunehmend ○ Vollmond ☾ abnehmend ● Neumond

Pflanze des Monats

Wildbeeren sind im Winter die Lieblinge der Vögel, denn sie versorgen sie in der kalten Jahreszeit mit wertvoller Nahrung. Neben Amseln, Staren und Seidenschwänzen halten sich aber auch Eichhörnchen an den Früchten, etwa der Eberesche, schadlos. Eine Form der Eberesche, die süß schmeckende Mährische Vogelbeere, ist sogar roh für den menschlichen Verzehr geeignet. Alle anderen Vogelbeeren sollte man erst nach dem ersten Frost verwenden, dann werden sie, mit Äpfeln und viel Zucker eingekocht, genießbar.

Gefüllte Datteln mit Schokoladenüberzug

für 12 Stück: 200 g Schokolade | 12 Datteln (idealerweise Medjool-Datteln) | 12 Walnusshälften | 2 EL zerstoßene Walnüsse

>> Tipp

Nach dem Trocknen der Schokolade können Sie die Datteln in Mini-Muffinförmchen verpacken und zum Aufbewahren in eine Schachtel legen. Sieht hübsch aus!

1 Die Schokolade hacken und im Wasserbad zerlaufen lassen.

2 Die Datteln entsteinen und mit den Walnusshälften füllen. Auf eine mit Alufolie ausgelegte Arbeitsfläche legen.

3 Die Datteln nacheinander auf die Fonduegabel spießen und über dem Wasserbad mit Schokolade einstreichen. Wieder auf die Alufolie legen und mit Walnüssen bestreuen.

Klassisches Kartoffelpüree

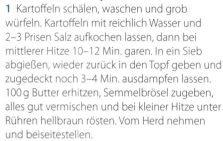

1 kg mehligkochende Kartoffeln | Salz |
200 g Butter | 50 g Semmelbrösel (Paniermehl)
| 250 ml Milch | Macis

1 Kartoffeln schälen, waschen und grob
würfeln. Kartoffeln mit reichlich Wasser und
2–3 Prisen Salz aufkochen lassen, dann bei
mittlerer Hitze 10–12 Min. garen. In ein Sieb
abgießen, wieder zurück in den Topf geben und
zugedeckt noch 3–4 Min. ausdampfen lassen.
100 g Butter erhitzen, Semmelbrösel zugeben,
alles gut vermischen und bei kleiner Hitze unter
Rühren hellbraun rösten. Vom Herd nehmen
und beiseitestellen.

2 Milch mit der restlichen Butter in einem Topf
erwärmen. Die heißen Kartoffeln jetzt hinterein-
ander dreimal durch die Kartoffelpresse in eine
Schüssel drücken. Den heißen Milch-Butter-Mix
langsam und vorsichtig mit einem Kochlöffel
unter die durchgepressten Kartoffeln mischen,
alles mit Salz und Macis abschmecken, mit den
Butterbröseln bestreut servieren.

Kartoffelpüree mit Gemüse

Für eine herzhafte Variante die Kartoffeln wie
angegeben mit einer Chilischote im Kochwasser
garen. Diese hinterher entfernen. 25 g Zucchini
putzen und waschen, 25 g Karotte schälen,
beides ganz fein würfeln. 100 ml Olivenöl in
einer Pfanne erhitzen, Gemüse zugeben und
unter Rühren bei kleiner Hitze in 6–8 Min. weich
dünsten. 250 ml Milch in einem kleinen Topf
erwärmen. Die heißen Kartoffeln dreimal durch
die Kartoffelpresse in eine Schüssel drücken,
heiße Milch vorsichtig unter die durchgepressten Kartoffeln rühren, alles mit Salz und gemah-
lenem Chili (Piment d'Espelette) abschmecken.
Zuletzt die Gemüsestücke unterheben.

Kartoffelpüree mit Oliven

Das Gemüse der vorherigen Variante können
Sie durch 50 g fein geschnittene Oliven ersetzen. Diese zusammen mit 100 ml Olivenöl unterrühren, mit Salz und Chilipulver abschmecken.

Lammrücken

800 g Lammrücken ohne Haut | Salz |
3 EL Sonnenblumenöl | 2 EL Olivenöl |
50 g Butter | 1 Knoblauchzehe | Rosmarin,
Thymian, Bohnenkraut, Lavendelblüten
(je nach Belieben) | Pfeffer

1 Lammrücken waschen, mit Küchenpapier
trocken tupfen, rundherum salzen. Backofen auf
80 °C vorheizen. Öl in einer ofenfesten Pfanne
erhitzen, Lammrücken bei mittlerer Hitze von
allen Seiten anbraten. Pfanne mit dem angebra-
tenen Lammrücken auf der mittleren Schiene
in den vorgeheizten Backofen stellen und das
Fleisch darin 5–8 Min. ruhen lassen.

2 In der Zwischenzeit in einer zweiten Pfanne
Olivenöl und Butter erhitzen, dann Lammrücken
zugeben und noch einmal von allen Seiten
3–4 Min. knusprig anbraten, dabei nach Belieben eine geschälte Knoblauchzehe, Rosmarin,
Thymian, Bohnenkraut oder Lavendelblüten
mit braten. Lammrücken mit Salz und Pfeffer
würzen und mit der Olivenöl-Butter-Kräuter-
Mischung servieren.

Rehrücken

800 g Rehrücken ohne Haut | Salz | 2 EL Son-
nenblumenöl | 2 EL Olivenöl | 60 g Butter |
1 Knoblauchzehe | 1 Zweig frischer Koriander |
1 Zweig frischer Rosmarin | ¼ Stange Zimt |
3 Wacholderbeeren | Pfeffer

Der Rehrücken wird genauso zubereitet wie der
vorher beschriebene Lammrücken.

>> Tipp

Als Beilage können Sie beispielsweise Kartoffelpüree (links) und
grüne Bohnen im Speckmantel
reichen. Alternativ bietet sich ein
mediterranes Ratatouille an.

Skudden sind die temperamentvollen Zwerge unter den Heideschafen und die kleinste heimische Landschafrasse in Deutschland. In ihnen kann man wohl die steinzeitlichen Torfschafe erkennen, von deren Vorsicht, Mut und Herdeninstinkt sie im Laufe der Jahrhunderte und Jahrtausende nichts verloren haben.

Alte Tierrasse

Urzeitliche Skudden

Ihre ursprüngliche Heimat liegt in Ostpreußen und dem angrenzenden Baltikum, wo man heutzutage allerdings keine Skudden mehr findet. Offizielle Zählungen kamen im Jahr 1873 auf 77 000 Tiere, nach dem Zweiten Weltkrieg sank die Zahl auf unter tausend. In Masuren und auf der Kurischen Nehrung haben die kleinen Temperamentsbündel wahrscheinlich noch bis in die Dreißigerjahre des vergangenen Jahrhunderts auf kleineren Bauernhöfen gelebt.

Markantes Aussehen

Die Böcke tragen prächtige Hornschnecken, die weiblichen Tiere schmücken sich wahlweise mit kleineren Sichelhörnern oder kommen ganz ohne aus. Die robusten Tiere wurden nie züchterisch weiterentwickelt, weshalb sie sich ihre Ursprünglichkeit in Aussehen und Verhalten bewahrt haben. Skudden fühlen sich nur in der Gemeinschaft ihrer Herde wohl, und die Böcke tragen ihre Hörner nicht allein als Statussymbol. Sie fechten untereinander oder mit anwesenden Böcken anderer Rassen, selbst wenn diese größer sind – was eigentlich immer der Fall ist –, heftige Kämpfe um die Position des Leitbocks innerhalb der Herde aus. »Das Aufeinanderknallen der Hörner ist beeindruckend«, schildert

Heide Völtz vom Skuddenhof Moordiek, »aber verletzt haben sich die Böcke bei uns noch nie ernsthaft.«

Die meisten Skudden sind weiß. Weiße Wolle wurde seit jeher bei Schafen bevorzugt, weil sie sich leichter färben lässt. Daher wurden bei zahlreichen Rassen die weißen Schafe in der Zucht gezielt gefördert. Ursprünglich gab es aber häufig vor allem blaue, also korrekterweise graublaue Skudden.

Weibchen wie Männchen sind allzeit paarungsbereit, eine Verhaltensform, die man bei Schafen eher selten findet. Aus diesem Grund trennen die Schäfer entweder die Böcke von den Weibchen oder entmannen sie.

Die Fruchtbarkeit und Mütterlichkeit der Skudden ist legendär. »Von Bockgehabe und Konkurrenz ist auch bei den Vätern keine Spur. Unser Hans diente den Lämmern geduldig als Sprungkissen«, erinnert sich Heide Völtz, die mit 25 Skudden, Hühnern, Katzen, Gänsen und ihrem Mann in der Elbmarsch ihren persönlichen Traum lebt, »und wenn die Jungböcke in die Pubertät kommen, wird erst einmal gezeigt, wo der Hammer hängt. Dann ist alles klar.«

Überleben im Zoo

Im Münchner Tierpark Hellabrunn sicherte man 1940 eine kleine Gruppe der letzten reinrassigen Skudden. Von hier gelangten die Tiere später auch in andere Zoos, in den Achtzigerjahren, wurden sie in ganz Deutschland ansässig. Rund 4000 Skudden gibt es mittlerweile deutschlandweit. In der Schweiz zählen sie zu den ProSpecieRara-Rassen und der Verband der Schweizer Skuddenzüchter setzt sich seit 20 Jahren aktiv für eine weitere Verbreitung der Schafe ein.

Basil Rüttimann aus Lenzburg im Aargau lässt seine Skudden seit 2009 ganzjährig in den elterlichen Weinbergen grasen. Durch sorgfältige Führung der Herdenstärke und wachsame Kontrolle der Gewohnheiten hat er damit Erfolg im Beweiden des Unterwuchses und sogar im Auslauben der Rebstöcke. Nur während des Austriebs im Frühling und kurz vor der Lese trennt er die Schafe von den Reben.

Skudden haben die feinste Wolle der Welt. Im Prinzip. Allerdings besitzen die Schafe ein mischwolliges Vlies, weswegen ihre Wolle nicht mit der der reinwolligen Merinoschafe auf dem Wollmarkt konkurrieren kann. Die feinen Wollfäden der Skudden werden durch feste, kurze Zwischenhaare am Körper und lange Grannenhaare auf der Wolloberfläche eingeschlossen. Ganz gleich, wie viel feiner ihre Wolle ist, die Mühe, sie aus dem Vlies zu isolieren, nimmt niemand auf sich, und so wird Skuddenwolle auch weiterhin ausschließlich für Decken, Teppiche oder auch zum Filzen verwendet.

Skudden sind weiß, braun oder grau. Die Wolle eignet sich gut zum Filzen.

Adventskalender

Unter jedem dieser Sterne und Kreise können Sie eine kleine Geschenkidee für den entsprechenden Tag verstecken. Ob Schneeballschlacht, leckeres Abendessen, Schoki in der Manteltasche oder Weihnachtsmarktbesuch am Abend, Sie haben bestimmt 24 tolle Ideen!

1 Auf das Tonpapier 12 Kreise und 11 Sterne aufzeichnen und ausschneiden. Auf der Rückseite die Adventskalender-Idee notieren.

2 Von dem Tonpapier 15 mm dicke Streifen abschneiden. Davon 24 Stücke abtrennen und jeweils ein Ende spitz einschneiden. Die Kärtchen von 1 bis 24 beschriften und die Kontur 2 mm nach innen versetzt nachzeichnen.

3 Das Brettchen unterlegen und jeden Korken mit dem Messer in drei Stücke schneiden. Heißkleber auf die Korkenstücke tropfen und die 23 Zapfen festkleben. Den übrig gebliebenen kleinen Zapfen auf das Spielzeugauto binden und für den sechsten Dezember reservieren. Auf ein kleines Stück Papier die Adventskalender-Idee schreiben und Gutschein direkt ins Auto legen.

4 Kreise und Sterne, am besten auf einer Kommode, auslegen und die Zapfen darauf verteilen. Die beschrifteten Kärtchen den entsprechenden Adventsideen zuordnen und in die Zapfen stecken. Das Auto parken.

Das brauchen Sie

- ✗ rotes Tonpapier, A3
- ✗ Bleistift
- ✗ Lineal
- ✗ Schere
- ✗ Permanentmarker
- ✗ cremefarbenes Tonpapier, A4
- ✗ Brettchen
- ✗ 8 Weinkorken
- ✗ Messer
- ✗ Heißkleber
- ✗ 24 Zapfen
- ✗ Spielzeugauto
- ✗ rot-weiße Schnur
- ✗ kleines Stück Papier

>> Tipp

Recycling: Sollten Sie gerade kein Geschenkband haben, bekleben Sie den Kranz mit dunklen Stoffstreifen.

Zapfen-Kranz

Auf einem winterlichen Spaziergang können Sie für diesen Kranz viele verschieden große Zapfen sammeln.

Das brauchen Sie

- ✗ Pappe
- ✗ Styroporkranz, ø 35 cm
- ✗ schwarzes Stoffband
- ✗ Heißkleber
- ✗ verschieden große Zapfen
- ✗ Gartenschere

1 Pappe unterlegen. Den Styroporkranz vollständig mit Stoffband umwickeln und dieses mit Heißkleber fixieren. Bitte besonders vorsichtig arbeiten! Die Heißklebertropfen können, wenn sie an Ihre Finger gelangen, schmerzhafte Brandblasen verursachen.

2 Einige Zapfen für den Innenkranz auf die Hälfte mit der Gartenschere kürzen. Das braucht etwas Zeit und Kraft. Die Zapfen mit der eingekürzten Seite innen an den Kranz kleben.

3 Den Kranz von innen nach außen vollständig mit Zapfen bekleben.

Jahresübersicht 2017

JANUAR 2017	FEBRUAR 2017	MÄRZ 2017
So **1** Neujahr	Mi 1	Mi 1
Mo 2	Do 2	Do 2
Di 3	Fr 3	Fr 3
Mi 4	**Sa** **4**	**Sa** **4**
Do 5	**So** **5**	**So** **5**
Fr 6 Heilige Drei Könige	Mo 6	Mo 6
Sa **7**	Di 7	Di 7
So **8**	Mi 8	Mi 8
Mo 9	Do 9	Do 9
Di 10	Fr 10	Fr 10
Mi 11	**Sa** **11**	**Sa** **11**
Do 12	**So** **12**	**So** **12**
Fr 13	Mo 13	Mo 13
Sa **14**	Di 14 Valentinstag	Di 14
So **15**	Mi 15	Mi 15
Mo 16	Do 16	Do 16
Di 17	Fr 17	Fr 17
Mi 18	**Sa** **18**	**Sa** **18**
Do 19	**So** **19**	**So** **19**
Fr 20	Mo 20	Mo 20
Sa **21**	Di 21	Di 21
So **22**	Mi 22	Mi 22
Mo 23	Do 23	Do 23
Di 24	Fr 24	Fr 24
Mi 25	**Sa** **25**	**Sa** **25**
Do 26	**So** **26**	**So** **26**
Fr 27	Mo 27	Mo 27
Sa **28**	Di 28 Fastnacht	Di 28
So **29**		Mi 29
Mo 30		Do 30
Di 31		Fr 31

APRIL 2017	MAI 2017	JUNI 2017
Sa 1	Mo 1 Maifeiertag	Do 1
So 2	Di 2	Fr 2
Mo 3	Mi 3	Sa 3
Di 4	Do 4	**So 4** Pfingstsonntag
Mi 5	Fr 5	Mo 5 Pfingstmontag
Do 6	Sa 6	Di 6
Fr 7	**So 7**	Mi 7
Sa 8	Mo 8	Do 8
So 9	Di 9	Fr 9
Mo 10	Mi 10	Sa 10
Di 11	Do 11	**So 11**
Mi 12	Fr 12	Mo 12
Do 13	Sa 13	Di 13
Fr 14 Karfreitag	**So 14**	Mi 14
Sa 15	Mo 15	Do 15 Fronleichnam
So 16 Ostersonntag	Di 16	Fr 16
Mo 17 Ostermontag	Mi 17	Sa 17
Di 18	Do 18	**So 18**
Mi 19	Fr 19	Mo 19
Do 20	Sa 20	Di 20
Fr 21	**So 21**	Mi 21
Sa 22	Mo 22	Do 22
So 23	Di 23	Fr 23
Mo 24	Mi 24	Sa 24
Di 25	Do 25 Christi Himmelfahrt	**So 25**
Mi 26	Fr 26	Mo 26
Do 27	Sa 27	Di 27
Fr 28	**So 28**	Mi 28
Sa 29	Mo 29	Do 29
So 30	Di 30	Fr 30
	Mi 31	

Jahresübersicht 2017

JULI 2017	AUGUST 2017	SEPTEMBER 2017
Sa 1	Di 1	Fr 1
So 2	Mi 2	Sa 2
Mo 3	Do 3	**So 3**
Di 4	Fr 4	Mo 4
Mi 5	**Sa 5**	Di 5
Do 6	**So 6**	Mi 6
Fr 7	Mo 7	Do 7
Sa 8	Di 8	Fr 8
So 9	Mi 9	Sa 9
Mo 10	Do 10	**So 10**
Di 11	Fr 11	Mo 11
Mi 12	**Sa 12**	Di 12
Do 13	**So 13**	Mi 13
Fr 14	Mo 14	Do 14
Sa 15	Di 15 Mariä Himmelfahrt	Fr 15
So 16	Mi 16	Sa 16
Mo 17	Do 17	**So 17**
Di 18	Fr 18	Mo 18
Mi 19	**Sa 19**	Di 19
Do 20	**So 20**	Mi 20
Fr 21	Mo 21	Do 21
Sa 22	Di 22	Fr 22
So 23	Mi 23	Sa 23
Mo 24	Do 24	**So 24**
Di 25	Fr 25	Mo 25
Mi 26	**Sa 26**	Di 26
Do 27	**So 27**	Mi 27
Fr 28	Mo 28	Do 28
Sa 29	Di 29	Fr 29
So 30	Mi 30	Sa 30
Mo 31	Do 31	

OKTOBER 2017

So	**1**	
Mo	2	
Di	3	Tag der deutschen Einheit
Mi	4	
Do	5	
Fr	6	
Sa	**7**	
So	**8**	
Mo	9	
Di	10	
Mi	11	
Do	12	
Fr	13	
Sa	**14**	
So	**15**	
Mo	16	
Di	17	
Mi	18	
Do	19	
Fr	20	
Sa	**21**	
So	**22**	
Mo	23	
Di	24	
Mi	25	
Do	26	
Fr	27	
Sa	**28**	
So	**29**	
Mo	30	
Di	31	Reformationstag

NOVEMBER 2017

Mi	1	Allerheiligen
Do	2	
Fr	3	
Sa	**4**	
So	**5**	
Mo	6	
Di	7	
Mi	8	
Do	9	
Fr	10	
Sa	**11**	
So	**12**	
Mo	13	
Di	14	
Mi	15	
Do	16	
Fr	17	
Sa	**18**	
So	**19**	
Mo	20	
Di	21	
Mi	22	Buß- und Bettag
Do	23	
Fr	24	
Sa	**25**	
So	**26**	
Mo	27	
Di	28	
Mi	29	
Do	30	

DEZEMBER 2017

Fr	1	
Sa	2	
So	**3**	
Mo	4	
Di	5	
Mi	6	
Do	7	
Fr	8	
Sa	9	
So	**10**	
Mo	11	
Di	12	
Mi	13	
Do	14	
Fr	15	
Sa	16	
So	**17**	
Mo	18	
Di	19	
Mi	20	
Do	21	
Fr	22	
Sa	23	
So	**24**	Heiligabend
Mo	25	1. Weihnachtstag
Di	26	2. Weihnachtstag
Mi	27	
Do	28	
Fr	29	
Sa	30	
So	**31**	Silvester

Ferien 2016 in Deutschland

	Schuljahr 2015/2016				Schuljahr 2016/2017	
	Winter	Ostern	Pfingsten	Sommer	Herbst	Weihnachten
Baden-Württemberg	–	24.03. / 29.03. - 02.04.	17.05. - 28.05.	28.07. - 10.09.	02.11. - 04.11.	23.12. - 07.01.
Bayern	08.02. - 12.02.	21.03. - 01.04.	17.05. - 28.05.	30.07. - 12.09.	31.10. - 04.11.	24.12. - 05.01.
Berlin	01.02. - 06.02.	21.03. - 02.04.	06.05. / 17.05. / 18.05.	21.07. - 02.09.	17.10. - 28.10.	23.12. - 03.01.
Brandenburg	01.02. - 06.02.	23.03. - 02.04.	06.05. / 17.05.	21.07. - 03.09.	17.10. - 28.10.	23.12. - 03.01.
Bremen	28.01. - 29.01.	18.03. - 02.04.	06.05. / 17.05.	23.06. - 03.08.	04.10. - 15.10.	21.12. - 06.01.
Hamburg	29.01.	07.03. - 18.03.	06.05. / 17.05. - 20.05.	21.07. - 31.08.	17.10. - 28.10.	27.12. - 06.01.
Hessen	–	29.03. - 09.04.	–	18.07. - 26.08.	17.10. - 29.10.	22.12. - 07.01.
Mecklenburg-Vorpommern	01.02. - 13.02.	21.03. - 30.03.	14.05. - 17.05.	25.07. - 03.09.	24.10. - 28.10.	22.12. - 02.01.
Niedersachsen	28.01. - 29.01.	18.03. - 02.04.	06.05. / 17.05.	23.06. - 03.08.*	04.10. - 15.10.	21.12. - 06.01.
Nordrhein-Westfalen	–	21.03. - 02.04.	17.05.	11.07. - 23.08.	10.10. - 21.10.	23.12. - 06.01.
Rheinland-Pfalz	–	18.03. - 01.04.	–	18.07. - 26.08.	10.10. - 21.10.	22.12. - 06.01.
Saarland	08.02. - 13.02.	29.03. - 09.04.	–	18.07. - 27.08.	10.10. - 22.10.	19.12. - 31.12.
Sachsen	08.02. - 20.02.	25.03. - 02.04.	06.05.	27.06. - 05.08.	03.10. - 15.10.	23.12. - 02.01.
Sachsen-Anhalt	01.02. - 10.02.	24.03.	06.05. - 14.05.	27.06. - 10.08.	04.10. - 15.10.	19.12. - 02.01.
Schleswig-Holstein	–	24.03. - 09.04.	06.05.	25.07. - 03.09.	17.10. - 29.10.	23.12. - 06.01.
Thüringen	01.02. - 06.02.	24.03. - 02.04	06.05.	27.06. - 10.08.	10.10. - 22.10.	23.12. - 31.12.

Notizen

Notizen